W0085817

S. FISCHER

Die Feinde der Demokratie rüsten zum Angriff. Immer geschickter taktieren sie auch vor Gericht. Im Report »Recht gegen Rechts« 2022 beschreiben mehr als 30 prominente Autorinnen und Autoren die wichtigsten Fälle aus dem vergangenen Jahr. Eine mutige Dokumentation, die zur Gegenwehr einlädt.

Rechtsanwältin Kati Lang, Vertreterin der Opfer des Synagogen-Anschlags von Halle, erklärt, warum man mit dem Schuldspruch des Oberlandesgerichts Naumburg gegen den Attentäter nur halb zufrieden sein könne. Die Vizepräsidentin des Europaparlaments Katarina Barley schlägt Alarm: Ungarn und Polen legten die Axt an den Rechtsstaat, die EU-Kommission bleibe untätig. Der TV-Journalist Georg Restle (»Monitor«) beschreibt Attacken der AfD auf die Pressefreiheit u.v.m.

Die Herausgeber*innen sind Journalist*innen und kritische Jurist*innen, die sich von einer Grundeinsicht leiten lassen: Rechtsextreme verstehen das Recht als Arena ihrer politischen Kämpfe und versuchen, es für ihre Zwecke auszunutzen. Wenn alle diese Versuche dokumentiert und bewertet werden, ist ein wichtiger Schritt getan, um sich besser wehren zu können.

Weitere Informationen finden Sie auf www.fischerverlage.de

Nele Austermann, Andreas Fischer-Lescano,
Heike Kleffner, Kati Lang, Maximilian Pichl,
Ronen Steinke, Tore Vetter (Hg.)

RECHT GEGEN RECHTS

REPORT 2022

S. FISCHER

Aus Verantwortung für die Umwelt hat sich der S. Fischer Verlag zu einer nachhaltigen Buchproduktion verpflichtet. Der bewusste Umgang mit unseren Ressourcen, der Schutz unseres Klimas und der Natur gehören zu unseren obersten Unternehmenszielen.

Gemeinsam mit unseren Partnern und Lieferanten setzen wir uns für eine klimaneutrale Buchproduktion ein, die den Erwerb von Klimazertifikaten zur Kompensation des CO_2-Ausstoßes einschließt.

Weitere Informationen finden Sie unter: www.klimaneutralerverlag.de

Originalausgabe

Erschienen bei S. FISCHER
Frankfurt am Main, Januar 2022

© 2022 S. Fischer Verlag GmbH,
Hedderichstr. 114, D-60596 Frankfurt am Main

Umschlaggestaltung: Andreas Heilmann und Gundula Hißmann, Hamburg
Umschlagabbildung: Christian Ditsch/ullsteinbild
Satz: Dörlemann Satz, Lemförde
Druck und Bindung: GGP Media GmbH, Pößneck
Printed in Germany
ISBN 978-3-10-397134-7

Inhaltverzeichnis

RASSISMUS

RECHTSTERRORISMUS

SEXISMUS UND LGBTQIA*-FEINDLICHKEIT

ANTISEMITISMUS

REVISIONISMUS

HATE SPEECH

Warum »Recht gegen rechts«?

Prolog

An mahnenden Worten hat es im vergangenen Jahr nicht gemangelt. »Vom Rechtsextremismus geht derzeit die größte Bedrohung für die Sicherheit in Deutschland aus.« So die Feststellung des früheren Bundesinnenministers Horst Seehofer und des Verfassungsschutzpräsidenten Thomas Haldenwang. Das Thema ist auf der höchsten politischen Ebene angekommen, 89 Maßnahmen hat die Bundesregierung anlässlich der Einrichtung des Kabinettsausschusses »zur Bekämpfung von Rechtsextremismus und Rassismus« versprochen umzusetzen. Aber mahnende Worte alleine reichen nicht, und viele Ankündigungen blieben bisher folgenlos.

Das ist auch ein Grund für diesen Report. Wie entschlossen und ernsthaft die Institutionen des Rechtsstaats wirklich der wachsenden Gefahr von rechts entgegentreten – hier ist die wachsame Beobachtung durch die Zivilgesellschaft dringend nötig. Der Report greift damit auf, was die im Juli 2021 im Alter von 96 Jahren verstorbene Shoa-Überlebende Esther Bejarano formulierte: »Es gibt keine Gegenwart und keine Zukunft ohne die Vergangenheit. Ich bin besorgt, denn ich sehe gegenwärtig Parallelen zur damaligen Zeit. Damit sich so etwas niemals wiederholt, dürfen wir nicht schweigen, sondern müssen mit Mut zusammenstehen gegen Rassismus.«

Wie schon im ersten Report »Recht gegen rechts« 2020 verfolgen die Autor*innen dieses Jahrgangs deshalb akribisch und kritisch, wie sich die Institutionen des Rechts schlagen. Wie sie auf Neonazis reagieren – auch und gerade, wenn diese nicht im Fokus der Öffentlichkeit stehen. Wie sie, abseits schöner Worte, in der Praxis handeln. Auf wessen Seite sie sich stellen. Wie sie den Betroffenen von Rassismus, Antisemitismus und anderen Formen von Menschenfeindlichkeit beistehen. Und wie sie auch mit jenen Bedrohungen der Demokratie umgehen, die aus den Institutionen selbst kommen – etwa in Form von rechtsextremen Chatgruppen bei der Polizei.

Die beiden großen Koalitionen (2013–2021) haben ihrem Inlandsgeheimdienst, dem Verfassungsschutz, der im Kampf gegen rechts oft mehr Teil des Problems als Teil der Lösung gewesen ist, mehr Mittel und mehr Kompetenzen gegeben. Im Gegensatz dazu fehlt es an langfristigen Perspektiven für Projekte der politischen Bildung. Obwohl schon der NSU-Untersuchungsausschuss von 2013 sich »mit Nachdruck für eine Neuordnung der Förderung zivilgesellschaftlichen Engagements gegen Rassismus, Antisemitismus und Rechtsextremismus« aussprach, um für Verlässlichkeit und Planungssicherheit zu sorgen, blieb es bei Ankündigungen. Bei mahnenden Worten.

Der Entwurf für ein Wehrhafte-Demokratie-Gesetz blieb in der Schublade. Und wenn er nun von der neuen Bundesregierung hoffentlich wieder aus der Schublade hervorgeholt wird, dann wird man ihn auch kritisch betrachten müssen. Denn darin vorgesehen war, ähnlich wie schon bei der Einführung früherer Extremismusklauseln, eine Überprüfung des zivilgesellschaftlichen Engagements durch den Staat. Solche Gesinnungsprüfungen sind ein zweischneidiges Schwert, ein Schlag nicht nur gegen die extreme Rechte. Die Erfahrung zeigt, dass sie vorrangig gegen Linke eingesetzt werden.

Richtig ist aber auch: Auf den starken Staat zu verzichten, muss man sich leisten können. Betroffene rechter Gewalt und diejenigen, die im Visier des Rechtsterrorismus stehen, sind auf den Schutz angewiesen, den der demokratische Rechtsstaat im Grundgesetz verspricht. Und bisher ist es nicht nachhaltig gelungen, die extrem rechten Kräfte alleine über die politische Auseinandersetzung zurückzudrängen. Die Diskussion, was hier zu tun ist und was hilft – und was nicht –, muss dringend weitergeführt werden. Auch mit diesem Report.

Manche der Verfahren, über die wir im Report 2020 berichtet haben, sind inzwischen vor Gericht weitergegangen. So ist der AfD-Bundestagsabgeordnete Thomas Seitz (siehe den Beitrag von *Nils Kohlmeier* und *Tore Vetter* im Report 2020, S. 181–187) endgültig aus seinem Beruf als Staatsanwalt des Landes Baden-Württemberg entfernt worden. Er habe »kontinuierlich beamtenrechtliche Kernpflichten, insbesondere die Pflichten zur Verfassungstreue sowie zu Neutralität und Mäßigung«, verletzt, entschied das Oberlandesgericht Stuttgart (Dienstgerichtshof für Richter bei dem Oberlandesgericht Stuttgart, Urteil v. 18.3.2021, DGH 2/19). Das Verfahren dürfte für die künftige Auseinandersetzung mit AfDlern und anderen rechten Akteur*innen in der Justiz von grundlegender Bedeutung sein.

Ein anderes Verfahren ging vor das Bundesverfassungsgericht. Ein Gießener Verwaltungsrichter hatte ein NPD-Plakat mit dem Argument verteidigt, die Aussage »Migration tötet« sei doch empirisch wahr (siehe den Beitrag von *Dana Schmalz* im Report 2020, S. 149–155). Derselbe Richter war auch für Asylprozesse zuständig. Ein Asylsuchender stellte deshalb einen Antrag, ihn für befangen zu erklären – und Karlsruhe stimmte diesem Antrag zu. Es sei offensichtlich, dass dieser Richter »Migration für ein grundlegendes, die Zukunft unseres Gemeinwesens bedrohendes Übel hält«, so das Bundesverfassungsgericht (BVerfG,

Beschluss v. 1.7.2021, 2 BvR 890/20). Dass am Ende erst ein Machtwort aus Karlsruhe nötig war und nicht schon die Richter*innen unterer Instanzen ihren Kollegen aufgrund seiner eindeutigen rassistischen Aussagen für befangen erklärten, macht ein grundlegendes Problem in der Justiz deutlich.

Dieser aktuelle Report »Recht gegen rechts« wird ermöglicht durch die Großzügigkeit der Friedrich-Naumann-Stiftung, der ZEIT-Stiftung, der Vereinigung Demokratischer Juristinnen und Juristen und der Amadeu-Antonio-Stiftung, bei denen wir uns herzlich bedanken. Der großen politischen Vielfalt unserer Förderer*innen entspricht unsere Hoffnung, eine breite, offene und vielstimmige Diskussion über die so dringend anstehenden rechtsstaatlichen Fragen anzustoßen. Auch in diesem Jahr danken wir Eva Berié für das akribische Lektorat. Für die redaktionelle Unterstützung bedanken wir uns zudem bei Florian Nustede.

Entscheidend zu diesem Projekt beitragen können auch Sie, liebe Leser*innen: Wir laden wieder dazu ein, Hinweise auf Verfahren oder Entscheidungen, die eine kritische Beleuchtung verdienen, an recht_gegen_rechts@posteo.de zu schicken. Vielen Dank!

Die Herausgeber*innen

Aus Worten werden Taten

Zur Notwendigkeit einer wehrhaften Justiz

von Sabine Leutheusser-Schnarrenberger

Schon einmal rollte eine Welle rassistischer, flüchtlingsfeindlicher Gewalt durch die Bundesrepublik, schon einmal wurde die fremdenfeindliche Haltung zur Asyldebatte in Teilen der Bevölkerung unübersehbar. Es waren die 1990er Jahre, die Akzeptanz rechtsradikaler Argumente stieg sprunghaft an bis hin zum Applaus bei Brandanschlägen, Hetzjagden und anderer hassgesteuerter Gewalt. Ich habe den Verlauf der Debatte sehr lebhaft in Erinnerung, weil ich damals Bundesjustizministerin war.

Es gab und gibt wohl kaum ein Thema, das sich so leicht instrumentalisieren lässt wie der Umgang mit Geflüchteten, und das so gezielt genutzt wird, um Ressentiments gegen Fremde zu schüren. Zunächst sind es die Worte: Es beginnt mit dem Schüren von Angst vor den und dem Fremden, vor dem Unbekannten, der als Bedrohung dargestellt wird. Die »Fremden« müssen dazu gar nicht physisch »da« sein, um als Gefährdung unseres Wohlstands und als Sündenböcke für soziale Schieflagen in Deutschland benannt zu werden. Es geht weiter mit dem Ruf nach Maßnahmen gegen die behaupteten Bedrohungen, mit zunehmender Aggressivität, mit sprachlicher Radikalisierung und Vergiftung des politischen Klimas.

Und es endet in Gewalt, wenn die zunehmend Aufgeputschten und Radikalisierten dann zur Tat schreiten. So war es, als zum Beispiel in Rostock-Lichtenhagen 1992 ein rechtsradikaler Mob die Zentrale Aufnahmestelle für Asylbewerber und ein Ausländerwohnheim mit Steinen und Brandsätzen angriff – und die »braven« Bürger auf der Wiese vor den Häusern standen und den Tätern auch noch Beifall klatschten. In Eberswalde, in Hoyerswerda, in Mölln, in Hünxe, in Magdeburg, in Solingen oder in Guben: Aus Worten waren Taten geworden. Es dauerte lange, bis diese angeblich zusammenhanglosen Einzeltaten als gesamtgesellschaftliche Gefährdung ernst genommen wurden.

Die aktuelle Situation erinnert an die 1990er Jahre

In den vergangenen Jahren erlebten wir Ähnliches wieder: Seit 2015 bedienen islamfeindliche Zusammenschlüsse wie Pegida, neonazistische Organisationen, vernetzte Rechtsradikale, bekannte Rechtsextremisten innerhalb wie außerhalb der AfD mit fremdenfeindlicher Rhetorik die gleichen Ressentiments und finden Unterstützung, strafbewehrte Übergriffe werden häufig immer noch als Einzeltaten verharmlost. Die Bewertung des Münchner Anschlags auf das Olympia-Einkaufszentrum 2016 mit neun Toten als rassistisch und rechtsextremistisch motivierte Tat hat drei Jahre gedauert (siehe den Beitrag von *Matthias Quent* im Report 2020, S. 287 – 294).

Es sind meistens die gleichen Parolen, die gleichen Scheinargumente, das gleiche Schüren von Ängsten, das gleiche Aufbauen von Bedrohungsszenarien. Das Narrativ ist dasselbe: Wieder stehen »die Fremden« vor unseren Türen, bedrohen unsere

Sicherheit, unseren Wohlstand, unser Volk. Und wieder schien die Angstmache zu verfangen, weil – ähnlich wie in den 1990er Jahren – weite Teile der Gesellschaft verunsichert waren und heute noch sind.

Die Asyldebatte traf Anfang der 1990er Jahre auf eine durch die aktuelle Lage (Mauerfall, Zusammenbruch des Ostblocks, wirtschaftliche und soziale Probleme in Ostdeutschland) verunsicherte Bevölkerung, die dies als Ventil für ihre Wut nutzte. Darauf bauten die rechtsradikalen Demagogen auf und sahen die Zeit für den ersehnten Umsturz des so verhassten »Systems« gekommen. 2015 traf die Flüchtlingsdebatte auf eine Gesellschaft, in der sich viele Menschen in Deutschland, unter anderem durch eine mangelnde Abstimmung der Flüchtlingspolitik in der Europäischen Union, überfordert fühlten. Es gelang rechten und rechtsextremen Kräften, diese Verunsicherung auszunutzen und sogar noch zu schüren. Und auch hier brach die Gewalt sich Bahn, und aus Worten wurden Taten. Im Jahr 2015 stieg die Zahl der Angriffe auf Asyl- und Flüchtlingsunterkünfte von 201 im Vorjahr auf 1051.

Die größte Bedrohung unserer Demokratie

Der rechte Terror hat seit den 1990er Jahren keine Pause gemacht. Wir mussten eine »Nationale Bewegung« in Brandenburg erleben, einen deutschlandweit mordenden »Nationalsozialistischen Untergrund«, eine »Kameradschaft Freikorps« in Brandenburg. Und die Serie rechtsterroristischer Anschläge ebbte auch nicht mit der Zahl der Geflüchteten ab: Die Täter in München 2016, in Kassel und in Halle 2019 und in Hanau 2020 hatten alle einen rechtsextremen Hintergrund. Es gibt ernstzunehmende Stimmen, die in den hassmotivierten Angriffen auf

Geflüchtete auch einen lange vorbereiteten Kampf rechtsradikaler politischer Kreise gegen das demokratische System sehen. Generalbundesanwalt Peter Frank hat zu Recht kürzlich in einem Interview darauf hingewiesen, dass vom Rechtsextremismus die größte Bedrohung für unsere freiheitliche demokratische Grundordnung ausgeht. Der Rechtsextremismus habe in den letzten Jahren eine viel breitere ideologische Grundlage erfahren, von der klassischen NS-Ideologie über Verschwörungsmythen bis hin zu den »Reichsbürgern«. Manchmal kommt es einem vor wie der Kampf gegen die Hydra: Wo ein Kopf abgeschlagen wird, wachsen unmittelbar zwei neue nach. Und vor allem: Die Möglichkeiten der Rechtsradikalen, ihre Botschaften zu transportieren, um die Spirale aus Worten und Taten in Gang zu halten, sind mit den Instrumenten moderner Kommunikation exponentiell gestiegen.

Die Aufgabe, vor der der Rechtsstaat steht, ist riesig. Wir müssen alles tun, damit die staatlichen Organe ihr gewachsen sind. Die Aufklärung der Morde des »NSU«, die auf blanker Menschenfeindlichkeit, auf zielgerichtetem und unreflektiertem Hass auf Menschen fremder Abstammung beruhten, überforderte die Sicherheitsbehörden offensichtlich in Analyse und Motivermittlung, und eine Reihe von Fehleinschätzungen verzögerte die Aufklärung (siehe den Beitrag von *Antonia von der Behrens* im Report 2020, S. 271–279). Auch die xenophob motivierten Morde im Münchner Olympia-Einkaufszentrum passten für die Ermittler zunächst nicht in hergebrachte Erklärungsmuster. Und der Mord am Kasseler Regierungspräsidenten Walter Lübcke, der wegen seiner humanitären Flüchtlingspolitik angefeindet wurde, zeigte ein weiteres Mal die Verrohung der rechtsradikalen Szene (siehe den Beitrag von *Martin Steinhagen* in diesem Report, S. 189 ff.). Das sind große Herausforderungen.

Instrumente des Rechtsstaats

Aber der demokratisch verfasste Rechtsstaat ist nicht wehrlos gegen die rechte Bedrohung – ganz im Gegenteil. Die Verfassungsschutzbehörden des Bundes und der Länder verfügen über eine Vielzahl von Befugnissen, verfassungsfeindliche Bestrebungen zu beobachten, lange bevor aus Strömungen und Strukturen Taten entstehen. Zu oft ist das in der Vergangenheit nicht genutzt worden, zu oft hat sich der Verfassungsschutz wie im Fall der Terrorgruppe »NSU« zu wenig gegen rechtsextreme Tendenzen positioniert. Erfreulicherweise hat sich aber sowohl personell als auch inhaltlich der Verfassungsschutz auf Bundesebene inzwischen wieder so aufgestellt, dass Rechtsextremismus prioritär in den Fokus der Beobachtung gerückt ist.

Die Einstufungen des »Flügels« der AfD als Beobachtungsfall und als »erwiesen extremistische Bestrebung« im Jahr 2020 sind Beleg dafür, dass in den Sicherheitsbehörden der rechtsextreme Phänomenbereich ernst genommen wird. Auch die 2021 erfolgte, wenn auch durchaus fragwürdig kommunizierte Einstufung der gesamten AfD als rechtsextremistischer Verdachtsfall zeigt, dass sich demokratische Strukturen gegenüber der Verbreitung völkischer und extremistischer Ideologien wehrhaft zeigen.

Dennoch müssen die Sicherheitsbehörden und verschiedenen Expertenzentren beim Erkennen von Strukturen, die sich gegen die freiheitliche demokratische Grundordnung richten, besser werden. Die Zunahme anitiislamischer und antisemitischer Vorfälle gibt zu großer Sorge Anlass. Sicherheitsbehörden müssen sich kompetent und eindeutig gegen diese Gefahren positionieren, sich um die berechtigten Belange der Betroffenen kümmern und notwendige strukturelle Verbesserungen in Angriff nehmen. Frühwarnsysteme müssen funktionieren und Ausstiegsprogramme zur Deradikalisierung und Aufklärungsprogramme zur besseren Prävention beitragen. Zur Unterstützung der Opfer rechter Gewalt gehört auch die finanzielle Sicherstellung der Arbeit von zivilen Opferberatungsstellen. Zur Prävention gehört genauso die Aufklärung über Rechtsextremismus, Antisemitismus und Islamophobie in allen Bildungseinrichtungen. Dazu bedarf es klarer Strukturen.

Rechtsextreme in den Reihen der Polizei

Ein ganz helles Licht sollte auch auf die eigenen Probleme der Sicherheitsbehörden mit dem Rechtsextremismus geworfen werden – ob Messenger-Chatgruppen, über die rechtsradikale Inhalte verteilt werden, oder rechtsextreme Verdachtsfälle in der Polizei. Aus einem Lagebericht zu Rechtsextremismus-Verdachtsfällen bei Polizei, Zoll und Geheimdiensten, der im Herbst 2020 vorgestellt wurde, ging hervor, dass jeder dritte Verdachtsfall mehr als eine Person betrifft. Auch wenn immer wieder beteuert wird, dass es keine rechtsextremen Netzwerke in den Sicherheitsbehörden gibt: Die Möglichkeiten zur Vernetzung waren noch nie so einfach und allgegenwärtig. Eine Untersuchung kann gerade pauschalen Bewertungen entgegenwirken. Ein konsequentes Vorgehen gegen Verdachtsfälle muss oberste Priorität haben, um das Vertrauen der Bürgerinnen und Bürger in staatliche Institutionen wieder zu stärken.

Nur wer aufmerksam die Worte hört, kann auch die Taten verhindern.

DEMOKRATIEFEINDLICHKEIT

Die AfD und der Rundfunkrat

Warum Rechtsextreme kein Anrecht
auf Sendezeiten im Rundfunk haben

von Georg Restle

Es wirkte wie reine Routine, als der Landtag von Baden-Württemberg am 23. Juli 2020 seine Vertreter:innen in den Rundfunkrat des SWR entsandte – darunter, wie selbstverständlich, auch ein Abgeordneter der AfD. Allein über den Frauenanteil wurde noch diskutiert, nicht aber darüber, ob ein Abgeordneter einer im Kern rechtsextremen Partei, deren Funktionär:innen sich für die Abschaffung des öffentlich-rechtlichen Rundfunks einsetzen, einen Sitz im Rundfunkrat beanspruchen darf. Was in vielen Aufsichtsgremien landesweit mittlerweile üblich ist, wirft ganz grundsätzliche Fragen auf: Wie viel Extremismus darf's denn sein im öffentlich-rechtlichen Rundfunk? Oder muss das sogar sein: ein Vertretungsrecht für Rechtsextremisten der AfD, weil es die Verfassung und die Rundfunkordnung so verlangen? Zugegeben, keine ganz neue Frage, aber eine, die 2021 neue Aktualität erlangen wird angesichts einer Bundestagswahl, zu der mit der AfD eine Partei antritt, die jetzt in weiten Teilen vom Verfassungsschutz als rechtsextremistischer Verdachtsfall eingestuft wird. Müssen ARD und ZDF die Partei bei Wahlsendungen dennoch gleichberechtigt berücksichtigen? Begründet der Grundsatz der Vielfaltsicherung ein Vertretungsrecht in Aufsichtsgremien oder ein Recht auf repräsentative Teilnahme an Talkshows oder anderen Formaten? Muss die AfD im Gesamtprogramm »angemessen zu Wort kommen«, weil sie im Bundestag und in vielen Landtagen die zahlenmäßig größte Oppositionspartei ist? Oder gibt es Grenzen der Ausgewogenheit? Gilt der Grundsatz der wehrhaften oder streitbaren Demokratie auch für den öffentlich-rechtlichen Rundfunk? Und wie verhält es sich mit der Programmautonomie der Rundfunkanstalten?

Für Redaktionen und Programmverantwortliche im öffentlich-rechtlichen Rundfunk stellt sich diese Frage immer wieder aufs Neue: Gibt es eine Pflicht zum Proporz für die in den Parlamenten vertretenen Parteien, die sich aus der Rechtsprechung des Bundesverfassungsgerichts, dem Medienstaatsvertrag oder den Landesrundfunkgesetzen zwingend ergibt? Und gilt diese Pflicht auch für rechtsextreme Parteien und deren Vertreter:innen? In Politik und Medien wurde darüber in den letzten Jahren kontrovers diskutiert. Was daran erstaunt: Der rechtliche Rahmen spielte dabei oft eine untergeordnete Rolle. Die Debatte erschöpfte sich meist in Verweisen auf die Pflicht zur Meinungsvielfalt und einen angeblichen Gleichbehandlungsgrundsatz, der allen Parteien – auch der AfD – einen Anspruch zubillige, in den Gremien vertreten zu sein und im Programm angemessen zu Wort zu kommen. Eine Argumentation, die dem Wesen der Rundfunkfreiheit, ihren historischen Wurzeln und ihrer Funktion im Gesamtgefüge der verfassungsrechtlichen Werteordnung wohl kaum gerecht werden dürfte.

Extremist:innen als Sachwalter des Allgemeininteresses?

Schaut man auf das jüngste Rundfunkurteil des Bundesverfassungsgerichts von 2014, scheint die Antwort auf den ersten Blick klar. In Fortschreibung seiner Rechtsprechung zur Vielfaltsicherung im öffentlich-rechtlichen Rundfunk garantiert Karlsruhe einen weiten Rahmen für alle relevanten gesellschaftlichen Gruppierungen in Aufsichtsgremien und im Gesamtprogramm. Wörtlich heißt es: »Die Aufsichtsgremien sind vielmehr Sachwalter des Interesses der Allgemeinheit. Sie sollen die für die Programmgestaltung maßgeblichen Personen und Gremien darauf kontrollieren, dass alle bedeutsamen politischen, weltanschaulichen und gesellschaftlichen Kräfte, deren Vielfalt durch ein gruppenplural zusammengesetztes Gremium auch bei ausgewogener Besetzung nie vollständig oder repräsentativ abgebildet werden kann, im Gesamtprogramm angemessen zu Wort kommen können.«

Keine rechtsgrenzenlose Vielfalt

Die Frage lautet: Wo setzt das Bundesverfassungsgericht die Grenzen der Vielfalt? Bei präziser Betrachtung fallen zwei Einschränkungen ins Auge. Zunächst stellt das Urteil klar, dass eine vollständige oder repräsentative Abbildung aller relevanten »Kräfte« in den Aufsichtsgremien nicht verpflichtend sein kann. Damit überlässt es dem Gesetzgeber einen weiten Gestaltungsspielraum, ob und in welchem Ausmaß alle in den Parlamenten vertretenen Parteien ein Vertretungsrecht in den Gremien beanspruchen können und ob deren Vertreter:innen als »Sachwalter des Interesses der Allgemeinheit« anzusehen sind. Auch wenn sich diese Einschränkung nicht direkt aufs Programm bezieht, so dürfte sie doch im Grundsatz auch hier gelten. Dies erschließt sich schon aus der zweiten Einschränkung, wonach nur »bedeutsame« Kräfte im Gesamtprogramm angemessen zu Wort kommen können. Dass es sich hier um keine rein quantitative Betrachtung handeln dürfte, ergibt sich dabei wohl schon aus dem Wesen der Rundfunkfreiheit und seiner historischen Begründung, wonach der öffentlich-rechtliche Rundfunk als unabhängiges Bollwerk gegen alle Versuchungen etabliert wurde, in den staatlichen Totalitarismus der NS-Zeit zurückzugleiten. Auf diese Erfahrung stützen sich bis heute die wichtigsten Pfeiler der vom Bundesverfassungsgericht entwickelten Rundfunkordnung: die Staatsferne des öffentlich-rechtlichen Rundfunks, seine Unabhängigkeit und Orientierung an den zentralen Grundwerten der Verfassung.

Rechtsextreme Gruppierungen oder Parteien, die einen homogenen völkischen Nationalismus vertreten und wesentlichen Grundrechten wie der Meinungs- und Rundfunkfreiheit, dem Diskriminierungsverbot oder der Religionsfreiheit offen feindlich gegenüberstehen, dürften demgemäß kaum als Sachwalter des Allgemeininteresses oder »bedeutsam« im Sinne einer Meinungsvielfalt anzusehen sein, die von ihnen selbst bekämpft wird. Immerhin handelt es sich bei der AfD um eine Partei, die sich die Abschaffung des öffentlich-rechtlichen Rundfunks immer wieder auf die Fahnen geschrieben hat, deren Jugendverband und deren Landesverbände in Ostdeutschland als rechtsextremistische Verdachtsfälle gelten und deren vom Verfassungsschutz beobachteter »Flügel« faktisch nach wie vor einen maßgeblichen Einfluss auf die Gesamtpartei hat. Dies alles macht deutlich, dass die AfD hier vor allem ein Ziel im Auge hat: Ihren Einfluss in den Gremien und im Programm zu missbrauchen, um unter anderem auch die auf der Rundfunkfreiheit fußende Rundfunkordnung außer Kraft zu setzen, und mit dem öffentlich-rechtlichen Rundfunk einen mächtigen Schutzwall dieser Demokratie aus dem Weg zu räumen. Kaum jemand hat dies klarer formuliert als der »neurechte« Vordenker der AfD, Götz Kubitschek, der einer »staatsfinanzierten Umerzählung des normalen Lebens«, einer »großen Beutegemeinschaft aus Parteien, ›Zivilgesellschaft‹, allem Öffentlichrechtlichen« den Kampf angesagt hat. Maßgebliche Funktionäre der AfD wie der stellvertretende Bundessprecher Stephan Brandner lassen keinen Zweifel daran, was das bedeutet. Demnach ist es das erklärte Ziel der AfD, »kontinuierlich« daran zu arbeiten, »das zwangsfinanzierte Staatsfernsehen abzuschaffen«.

Keine rein arithmetische Betrachtungsweise

Allein die formale Begründung, dass die AfD im Bundestag und einigen Landtagen die zahlenmäßig größte Oppositionsfraktion stellt, dürfte keinesfalls ausreichen, um daraus einen verfassungsrechtlich begründeten Rechtsanspruch abzuleiten, regelmäßig im Programm zu Wort zu kommen oder nach Proporzregeln in Gremien oder Talkshows vertreten zu sein – es sei denn, man möchte den Feinden dieser freiheitlich verfassten Demokratie ein Werkzeug zu deren Vernichtung überreichen.

Man mag es auch als Ausdruck des vom Bundesverfassungsgericht entwickelten Grundgedankens einer wehrhaften oder streitbaren Demokratie ansehen, die den Feinden der Freiheit nicht alle Freiheiten gleichermaßen zugesteht. Und selbst wenn man einer solch robusten Idee von Demokratie aus rechtsstaatlichen Erwägungen skeptisch gegenübersteht, so wäre es in diesem Fall doch ein geradezu verhältnismäßiger Eingriff, der einer weitgehend verfassungsfeindlichen Partei diesseits eines Parteienverbots auf so geeignete wie erforderliche Weise ihre Grenzen aufzeigt. In diesem Sinne definiert Verfassungsfeindlichkeit die Grenze der Ausgewogenheit und der Vielfaltsicherung. So jedenfalls sind wohl auch die Regelungen einzelner Rundfunkgesetze zu verstehen, die die Bedeutung der grundgesetzlichen Werteordnung ins Zentrum ihres Selbstverständnisses rücken – und damit den im Medienstaatsvertrag festgelegten Programmgrundsätzen Ausdruck geben, wonach der öffentlich-rechtliche Rundfunk »die Würde des Menschen sowie die sittlichen, religiösen und weltanschaulichen Überzeugungen anderer zu achten« und »auf ein diskriminierungsfreies Miteinander« hinzuwirken habe.

So wird in Paragraph 5 des WDR-Gesetzes der Vielfaltsicherung zwar eine ebenso große Bedeutung zugemessen wie in den Rundfunkurteilen des Bundesverfassungsgerichts, gleichzeitig werden ihr aber auch hier klare Grenzen gesetzt. Demnach gehört es zu den Programmgrundsätzen des WDR, die »demokratischen Freiheiten« zu »verteidigen«. Was hier geradezu als demokratischer Kampfauftrag formuliert wird, kann nur schwerlich mit einem Anspruch auf proportionale Präsenz für die Feinde ebendieser demokratischen Freiheiten in Einklang gebracht werden. Ähnliche Formulierungen finden sich im Bayerischen Rundfunkgesetz, wonach die »in der Verfassung festgelegten Grundrechte und Grundpflichten« als »Leitlinien der Programmgestaltung« gelten und »Sendungen verboten« sind, »die Vorurteile gegen Einzelne oder Gruppen wegen ihrer Rasse, ihres Volkstums, ihrer Religion oder Weltanschauung verursachen oder zu deren Herabsetzung Anlass geben können«. Auch diese Grundsätze dürften mit dem offenen Rassismus, der Islamfeindlichkeit oder der antidemokratischen Grundgesinnung weiter Teile der AfD kaum vereinbar sein. Und selbst wenn einzelne Vertreter:innen der Partei öffentlich als »bürgerlich« oder »konservativ« auftreten mögen, so dürfte doch die Gesamtbetrachtung der Partei mit ihren zahlreichen rechtsextremistischen Gliederungen schwerer ins Gewicht fallen als die offensichtlich wohlkalkulierte Strategie einer so bezeichneten »Selbstverharmlosung«, die die verfassungsfeindlichen Ziele der AfD nur zu kaschieren versucht.

Programmautonomie der Sender

Wo ein Rechtsanspruch auf Programmpräsenz aus dem Grundsatz der Vielfaltsicherung für die AfD also nicht begründet werden kann, bleibt es der Programmautonomie der Sender und der Redaktionen überlassen, wie sie mit den Vertreter:innen der AfD im Programm umgehen wollen. Diesen Grundsatz hat das Bundesverfassungsgericht in seiner Entscheidung aus dem Jahr 2007 zuletzt deutlich hervorgehoben. Demnach steht »die Entscheidung über die zur Erfüllung des Funktionsauftrags als nötig angesehenen Inhalte und Formen des Programms (...) den Rundfunkanstalten zu«.

Die inhaltlichen Grenzen dieser Programmautonomie sind in den bereits zitierten Programmgrundsätzen festgelegt. Die darin beschriebene Verfassungsorientierung des öffentlich-rechtlichen Rundfunks setzt auch hier die Grenze der Ausgewogenheit dort, wo Funktionär:innen von Parteien das Wort überlassen wird, die die demokratischen Freiheiten attackieren oder rassistische Vorurteile verbreiten.

So klar der Medienstaatsvertrag und die Rundfunkgesetze die Grenzen formulieren, so verunsichert scheinen viele Programmverantwortliche mit der AfD umzugehen. Dabei geht es nicht darum, die Partei totzuschweigen oder sich nicht mit ihr auseinanderzusetzen. Einem kritischen Umgang mit der AfD steht nichts im Wege – im Gegenteil: Er ist angesichts der offenkundigen Gefahr, die diese Partei für das demokratische Gemeinwesen darstellt, sogar dringend geboten. Allen Versuchen von Vertreter:innen der Partei, deren völkisch-nationalistische und damit zutiefst rassistische Ideologie in die Mitte der Gesellschaft zu tragen, darf sich der öffentlich-rechtliche Rundfunk jedoch nicht zur Verfügung stellen. Dafür hat er gute verfassungsrechtliche Argumente – und hoffentlich auch das nötige journalistische Selbstbewusstsein, um den Feinden von Freiheit und Demokratie entschlossen entgegenzutreten.

Verfahren: Landtag von Baden-Württemberg, 41. Sitzung des Ständigen Ausschusses vom 30. April 2020: Wahl des 6. Rundfunkrats des Südwestrundfunks (SWR); Bundesverfassungsgericht, Urteil des Ersten Senats vom 25. März 2014, BVerfGE 136, 9ff.; Bundesverfassungsgericht, Urteil des Ersten Senats vom 11. September 2007, BVerfGE 119, 181ff.

Literatur: Andreas Fischer-Lescano/Georg Restle, Kein Anspruch auf Sendezeit: Warum die Rundfunkfreiheit kein Einlassticket für rechte Parteien ist, Verfassungsblog vom 6. September 2021, abrufbar unter www.verfassungsblog.de; ARD-Magazin MONITOR vom 19. September 2019; Stephan Brandner, 09.1.2018, abrufbar unter www.brandner-im-bundestag.de/berlin/brandner-afd-zwangsfinanziertes-staatsfernsehen-abschaffen-statt-rundfunkgebuehren-erhoehen/page/31.htm; Götz Kubitschek, Sachsen: Zerrst Du noch oder fragst Du schon, Sezession vom 9.2.2021.

Corona-Leugner marschieren

Wie Behörden und Gerichte in Kassel
die Gefahr verharmlosten

von Tore Vetter

Im Laufe des 20. März 2021 machten in den sozialen Netzwerken unter #ks2003 Bilder von Zehntausenden Demonstrant*innen die Runde, die trotz gerichtlichen Verbots ohne Masken und dicht gedrängt durch die Kasseler Innenstadt zogen. Unter dem johlenden Beifall der Menge griffen Teilnehmer*innen Journalist*innen und Gegendemonstrant*innen an. Die Polizei hielt sich zurück, räumte sogar mehrere Gegendemonstrationen gewaltsam, um der verbotenen Versammlung den Weg zu bahnen. Vereinzelte Sympathiebekundungen von Beamt*innen mit den Protestierenden machten den Skandal perfekt.

Berlin, Leipzig, Kassel: Die Liste der Orte, in denen sogenannte Corona-Leugner*innen auch trotz Lockdown massenhaft in die Innenstädte strömten, ließe sich fortführen. Während die Mehrheit der Menschen sich in ihrem Privat- und Berufsleben einschränkt, zeigt sich in der neuen Normalität der Pandemie nahezu wöchentlich auch eine neue Normalität rechten Protests. Dabei können selbstverständlich staatliche Maßnahmen kritisiert werden, die zu einer Verschärfung der sozialen

Spaltung in der Gesellschaft geführt haben. Die Pandemie trifft eben nicht »alle gleich«, sondern zuerst die ohnehin schon Abgehängten, die Wohnungs- und Arbeitslosen, die weiter malochenden Geringverdiener*innen in den Fleischhöfen, auf den Spargelfeldern und in den Logistikzentren. Es macht wütend, wie erratisch Teile der Politik im Superwahljahr 2021 agierten und Mahnungen von Wissenschaftler*innen in den Wind schlugen. Doch diese Punkte interessieren die selbst ernannten »Querdenker*innen« nicht. Bewegt werden sie stattdessen von einer diffusen Mischung aus Leugnung und Relativierung der Pandemie und antisemitischen Verschwörungsmythen um ihre Ursprünge. Nach der sogenannten Flüchtlingskrise treibt nun auch die Corona-Krise wieder signifikante Menschenmengen vor die Bühnen der Rechtsextremen mit den scheinbar einfachen Antworten.

Aktenzeichen #ks2003

Unter dem Motto »Frühlingserwachen – Die Welt steht auf« hatten die Veranstalter*innen, die sich selbst als »Freie Bürger Kassel« bezeichnen, ausgerechnet die hessische Großstadt zum Zentrum einer »Weltweiten Mega-Demo« erkoren, bestehend aus zwei stationären Kundgebungen mit anschließendem Aufzug durch die Innenstadt. Von 17500 Teilnehmer*innen sprachen sie gegenüber den Behörden, bundesweit mobilisierten die gut vernetzten »Querdenken«-Ortsgruppen und Telegram-Chats, auch AfD-Politiker*innen und »Pegida Kassel« riefen zur Teilnahme auf.

Am 12. März sprach die Kasseler Versammlungsbehörde zunächst ein umfängliches Versammlungsverbot aus. Dieses wurde am 17. März wiederum vom Verwaltungsgericht Kassel im Eilverfahren kassiert. Das vorläufig letzte Wort sprach der Hessische Verwaltungsgerichtshof, der als vermittelnde Lösung zwei stationäre Kundgebungen unter Auflagen – unter anderem Tragen von Mund-Nasen-Schutz, Abstandsgebote und die Beschränkung der Teilnehmer*innenzahl auf höchstens 6000 Menschen – zuließ, das Verbot des geplanten Aufzugs jedoch aufrechterhielt.

Ein solches rechtliches Pingpongspiel ist im Vorfeld größerer Demonstrationen vergleichsweise normal. Ungewöhnlich erscheint jedoch die Unfähigkeit der staatlichen Institutionen, diese neue Bewegung als solche adäquat zu fassen. Eine Versammlung kann gesetzlich nur dann verboten werden, wenn zuvor davon ausgegangen werden kann, dass sie die »öffentliche Sicherheit« gefährdet. Unter diesen relativ weiten Begriff fallen unter anderem Rechte Dritter oder die »Unverletzlichkeit der Rechtsordnung«. Eine Gefahr kann etwa dann vorliegen, wenn absehbar ist, dass auf der Versammlung Straftaten begangen werden oder sie den Infektionsschutzmaßnahmen in einer Weise entgegenläuft, dass die Effektivität der Pandemiebekämpfung als solche bedroht wird. Aufgrund der Bedeutung der Versammlungsfreiheit bestehen hier hohe Hürden – die bloße Möglichkeit von Ansteckungen reicht im Regelfall nicht aus. Doch selbst wenn von einer Demonstration tatsächlich eine Gefahr ausgeht, kann sie nicht ohne weiteres verboten werden. Versammlungsverbote müssen – als letztes Mittel des Staates – auch verhältnismäßig sein, das heißt, dass die Gefahren nicht anders, etwa durch Auflagen, abgewehrt werden können.

Querdenken – nicht bloß diffuse Allianz

Diese Fragen beschäftigten auch die Behörden und Gerichte vor #ks2003. Die Stadt Kassel hatte das ursprüngliche Versammlungsverbot neben den Ansteckungsgefahren auch damit begründet, dass die Querdenker*innen sich nach den Erfahrungen mit ähnlichen Demonstrationen aus anderen Städten ohnehin nicht an Auflagen halten würden. Diese Annahme erachtete das Verwaltungsgericht in erster Instanz als »offensichtlich rechtswidrig«, eine Überlastung des Gesundheitssystems sei zum Zeitpunkt der Entscheidung nicht zu erwarten, die Auswirkungen von Demonstrationen auf Infektionszahlen zudem nicht erwiesen. Außerdem stünden sehr wohl Auflagen als mildere Mittel zur Verfügung, das Verbot sei daher jedenfalls unverhältnismäßig. Aus Verstößen auf Demonstrationen andernorts könnten keine Rückschlüsse auf die Kasseler Versammlung gezogen werden. Die von den Behörden dargelegten Verbindungen der Anmelder*innen zu Querdenken seien »vage« und eine »bloße Behauptung«. Dieser Ansicht schloss sich schließlich auch der Hessische Verwaltungsgerichtshof an, auch wenn er eine Gefahr grundsätzlich bejahte.

Natürlich darf ein Fehlverhalten Dritter nur unter engen Voraussetzungen einer Versammlung zugerechnet werden, andernfalls könnten politisch missliebige Versammlungen per se ohne konkrete Gefahr verboten werden: etwa eine Antifa-Demonstration in Bremen unter Verweis auf eine eskalierte Demo in München. Vor allem offenbaren die Gerichtsbeschlüsse jedoch eine fatale Fehleinschätzung der Querdenken-Szene. Die Querdenker*innen, so scheint es, wurden von den Richter*innen als schlicht diffuses Label unterschiedlicher Akteur*innen ohne verbindende Ideologie und Organisationsstruktur eingestuft. Dabei sind sie bundesweit aufs beste vernetzt. Unter anderem die Kasseler Antifaschist*innen der Gruppe »Task« hatten bereits Anfang März öffentlich auf die massive Mobilisierung über Telegram-Chats, die zu erwartenden Teilnehmer*innenzahlen und die bundesweite Vernetzung aufmerksam gemacht und damit genau die Aufklärungsarbeit geleistet, die die Polizei unterlassen hatte.

Zudem darf nicht unterschätzt werden, was die Querdenker*innen antreibt. Das scheinbar divers auftretende Klientel aus Esoteriker*innen, fundamentalistischen Christ*innen und Neonazi-Hools eint nicht etwa die proklamierte Sorge um das Grundgesetz. Dass auf ihren Demos Regenbogen- neben Reichsflaggen wehen, erscheint nur nach außen widersprüchlich. In der Welt der Verschwörungsideolog*innen fungieren die Pandemie und ihre Bekämpfung nur als weiteres Schurkenstück einer behaupteten nebulösen Diktatur, gegen die es gilt sich im Widerstand zu inszenieren. Es sind im Kern die klassischen antisemitischen Verschwörungserzählungen einer angeblichen »globalen Finanzelite« oder des »Deep State«, die Querdenken eint. Sie fiebern den »Tag X« herbei, an dem abgerechnet und alles umgeschmissen wird, auch wenn die Vorstellungen darüber, was danach kommen soll, zwischen den Teilnehmer*innen auseinandergehen mögen. Dieses Narrativ ist ein Strukturmerkmal der sogenannten Neuen Rechten, die sich optisch aus der Schmuddelecke der offenen NS-Tradition zu befreien sucht und dafür bewusst »bürgerlich« auftritt.

Verharmlosung mit System

Eine ähnliche Fehleinschätzung leitete offenbar auch den Einsatz der Polizei bei #ks2003. Verbotene Versammlungen sind nach dem Versammlungsgesetz aufzulösen. Dass die Polizei den

Aufzug nicht stoppte, begründeten Sprecher*innen wahlweise mit Überraschung, was in Anbetracht der Mobilisierung einer ermittlerischen Bankrotterklärung gleichkommt, oder mit dem Verhältnismäßigkeitsgrundsatz. Zwar ist es rechtlich geboten und wünschenswert, dass die Polizei bei der Durchsetzung von Auflösungen das Maß wahrt. Die Begründungen jedoch irritieren. Noch am Tag der Demonstration begründete die Polizei ihre Zurückhaltung gegenüber den Querdenker*innen in einer Pressemitteilung damit, diese seien »augenscheinlich überwiegend aus dem bürgerlichen Lager« gekommen. Einige Wochen später sollte ein Sprecher der Polizei Stuttgart die Zurückhaltung gegenüber einer ähnlichen Veranstaltung damit begründen, eine Entfernungspflicht gegen »tausende Menschen unserer bürgerlichen Mitte« habe nicht durchgesetzt werden können. Hier wird deutlich, was im Ermessen des Staates keinen Platz haben darf: Rechte Bewegungen wie Querdenken werden als »bürgerlicher Protest« verharmlost, antifaschistischer, »nicht-bürgerlicher« Gegenprotest hingegen bekämpft. Zwar blieben in der Folgezeit, wohl auch infolge des Versagens von Kassel, bundesweit viele Querdenken-Demos verboten und wurden durch die Polizei teilweise effektiver aufgelöst, die Irritation des Staates mit dem »Extremismus der Mitte« bleibt. Dies zeigt sich auch am Verhalten des Verfassungsschutzes. Der Nachrichtendienst entschied sich Ende April 2021 zwar, Querdenken bundesweit zu beobachten. Statt den rechtsradikalen Kern ihrer Ideologie zu thematisieren, schuf er jedoch zunächst eine neue Kategorie: Die Querdenker*innen werden nun unter dem Label »Verfassungsschutzrelevante Delegitimierung des Staates« beobachtet.

Verfahren: Hessischer Verwaltungsgerichtshof, Beschluss vom 19. März 2021, Aktenzeichen 2 B 588/21; Verwaltungsgericht Kassel, Beschlüsse vom 17. März 2021, Aktenzeichen 6 L 562/21.KS und 6 L 573/21.KS (Vorinstanz).

Literatur: Heike Kleffner/Matthias Meisner (Hrsg.), Fehlender Mindestabstand. Die Coronakrise und die Netzwerke der Demokratie, Freiburg i. Br. 2021; Eva Berendsen/Katharina Rhein/Tom David Uhlig (Hrsg.), Extrem unbrauchbar. Über Gleichsetzungen von links und rechts, Berlin 2019.

Der Neukölln-Komplex und die Berliner Justiz

Keine Aufklärung der rechtsterroristischen Anschlagsserie in Berlin

von Malene Gürgen

Einhundertundzwei Seiten umfasst der öffentliche Abschluss-bericht der »Kommission zur Überprüfung der bisherigen Er-mittlungsmaßnahmen zur Aufklärung der rechtsmotivierten Straftatenserie in Neukölln«, den diese im Mai 2021 vorlegte. Die beiden Kommissionsmitglieder Uta Leichsenring, ehemalige Polizeipräsidentin der brandenburgischen Stadt Eberswalde, und Herbert Diemer, langjähriger Bundesanwalt und Vertreter der Anklage im NSU-Prozess am Oberlandesgericht München, hatten ein halbes Jahr lang die Ermittlungen zur rechtsextremen Terrorserie in Berlin-Neukölln überprüft, die den Bezirk seit 2016 erschüttert. Ihr Befund ist durchaus brisant: Auch wenn die Kommission keine Hinweise auf rechtsextreme Netzwerke in den Behörden feststellte, wies sie doch gravierende Mängel in der Arbeit der Staatsanwaltschaft, des Verfassungsschutzes sowie in der Zusammenarbeit dieser Behörden mit der Polizei nach.

In derselben Woche, in der Uta Leichsenring, Herbert Diemer

und Berlins Innensenator Andreas Geisel (SPD) den Bericht der Öffentlichkeit präsentierten, steht die Initiative »BASTA – Für Aufklärung rechter Straftaten« zum 102. Mal vor dem Berliner Landeskriminalamt. Jeden Donnerstag zwischen 8 und 10 Uhr morgens veranstaltet die Gruppe hier eine Kundgebung, um gegen die mangelnde Aufklärung nicht nur der rechtsextremen Straftaten in ihrem Bezirk, sondern auch möglicher rechter Netzwerke in den Ermittlungsbehörden zu protestieren. Die Initiative besteht größtenteils aus Anwohner:innen der von der Terrorserie besonders betroffenen Südneuköllner Stadtteile Britz und Rudow, und sie wollen ihren Protest noch lange nicht beenden: »Für uns gibt es keinen Grund zum Feiern, aber viele Gründe zum Weitermachen«, sagt BASTA-Sprecherin Karin Wüst.

Probleme mit Neonazis gibt es in Berlin-Neukölln nicht erst seit 2016. Die jüngste Anschlagsserie, der die Polizei mehr als 70 Straftaten, darunter 23 Brandanschläge, zurechnet, begann vor mittlerweile fünf Jahren – ohne dass ein Ende absehbar scheint. Das Spektrum der Betroffenen ist breit, denn die Täter wollen offenbar alle einschüchtern, die sich gegen rechts engagieren: Kommunalpolitiker:innen von SPD und Linken, engagierte Antifaschist:innen, Mitglieder von Kirchengemeinden, die Betreiber:innen von auch politisch in Erscheinung tretenden Kulturinstitutionen, Buchhandlungen oder Cafés. Dass bei diesen Anschlägen bislang kein Mensch körperlich zu Schaden gekommen ist, ist nur glücklichen Umständen zu verdanken.

Schleppende Ermittlungen gegen rechts, engagiertes Vorgehen gegen links

Das Vertrauen in die Ermittlungsbehörden ist seitens der Opfer dieser Anschläge, die sich zum Teil gemeinsam in Initiativen wie BASTA organisieren, seit mehreren Jahren massiv beschädigt. Zu häufig sind die angeblichen Ermittlungspannen, zu gering die Ermittlungserfolge. Und das betrifft alle involvierten Institutionen des Rechtsstaats: 2019 erfuhr die Öffentlichkeit, dass Verfassungsschutz und Polizei einen Brandanschlag auf den Kommunalpolitiker Ferat Koçak im Februar 2018 weder verhindert noch aufgeklärt hatten, obwohl der Verfassungsschutz im Vorfeld Kenntnis davon hatte, dass die mutmaßlichen Täter Koçak ausspionierten. Dazu kommen in mehreren Fällen Hinweise auf persönliche Beziehungen zwischen Polizeibeamten und den mutmaßlichen Tätern, als Bindeglied dient hier unter anderem der als besonders rechts geltende Neuköllner Ortsverband der AfD.

Im Sommer 2020 richtete sich der Blick dann vor allem auf die Staatsanwaltschaft. Ein Paukenschlag: Die Berliner Generalstaatsanwaltschaft musste die Ermittlungen an sich ziehen, weil bei zwei der bislang ermittelnden Staatsanwälte der Verdacht auf Befangenheit bestand. Es ging nicht nur um einen direkt mit den Ermittlungen betrauten Staatsanwalt, sondern auch um den Leiter der Staatsschutzabteilung der Staatsanwaltschaft, beide wurden versetzt.

Auslöser für die Geschehnisse war die Beschwerde einer Opferanwältin: Ihr war in den Akten das Abhörprotokoll eines Telefongesprächs zwischen den beiden Hauptverdächtigen der Anschlagsserie, Sebastian T. und Tilo P., ins Auge gefallen. Tilo P. berichtete seinem Kameraden darin von seiner Vernehmung durch den Leiter der Staatsschutzabteilung der Staatsanwaltschaft Berlin. Dieser habe ihm erklärt, P. müsse sich keine Sorgen machen, er sei selbst AfD-Wähler. Weder die ermittelnde Staatsanwaltschaft noch die mit dem Fall betrauten polizeilichen Ermittler sollen nach Kenntnis dieses Gesprächsprotokolls etwas unternommen haben.

Ein ungutes Licht auf die Berliner Staatsanwaltschaft wirft auch ein Vorfall, der sich nur wenige Tage nach der Versetzung der beiden möglicherweise befangenen Staatsanwälte ereignete: Vor dem Amtsgericht Tiergarten wurde im August 2020 ein Verfahren gegen zwei Antifaschist:innen eröffnet, denen vorgeworfen wurde, 2017 Plakate mit der Warnung vor den Hauptverdächtigen der Neuköllner Anschlagsserie aufgehängt zu haben. Das Gericht sprach die beiden noch am selben Tag frei – weder sei die Aussage des Plakats, Sebastian T. sei ein gewaltbereiter Neonazi, falsch, noch sei erwiesen, dass die beiden das Plakat überhaupt selbst angebracht hätten.

»Ich bin nicht der Meinung, dass das hier ein Verfahren hätte werden sollen«, betonte der Richter in seiner Begründung für den Freispruch. Dass es dazu kam, ist offenbar auf besondere Initiative der Staatsanwaltschaft zurückzuführen: Diese ist laut Verteidigung selbst an Sebastian T. herangetreten, um ihn zu einer Anzeige zu bewegen. In Folge des Verfahrens hatte es bei den Beschuldigten Hausdurchsuchungen gegeben, drei Jahre lang wurde gegen die beiden Tatverdächtigen ermittelt.

Expertenkommission bescheinigt deutliche Mängel

Der Abschlussbericht der Neukölln-Kommission spricht ebenfalls von gravierenden Versäumnissen seitens der Staatsanwaltschaft: Dass die Brandanschläge und weitere Straftaten gegen Engagierte in Neukölln zu einer Serie gehörten und auch ermitlungstechnisch und strafrechtlich als eine solche zu behandeln seien, habe diese zu spät erkannt.

Die Akten der Staatsanwaltschaft, so heißt es im Kommissionsbericht auf Seite 44, ließen »nicht von Anfang an erkennen, dass (...) die zahlreichen gleichgelagerten, lokal und personell überschaubaren einzelnen Straftaten von Beginn an in ihrer Gesamtheit betrachtet und die Ermittlungen vor diesem Hintergrund staatsanwaltschaftlich angeleitet und geführt worden sind«. Dies habe auch noch 2018 gegolten, als die Staatsanwaltschaft unmittelbar nach dem Anschlag auf Ferat Koçak Haftanträge gegen Sebastian T. und Tilo P. gestellt hatte, die das Amtsgericht dann auch postwendend ablehnte.

Als »nicht angebracht« kritisiert die Kommission außerdem eine Praxis der Staatsanwaltschaft, die insbesondere in den Jahren 2016 bis 2018 für Wut und Frustrationen bei den Betroffenen der Anschlagsserie gesorgt hatte: Sobald sich zu einer einzelnen Straftat keine neuen Ermittlungsansätze ergaben, schickte die Staatsanwaltschaft damals Bescheide an die Betroffenen mit der knappen Auskunft, das Verfahren sei eingestellt worden. Daraus ergab sich die fast schon absurd anmutende Situation, dass Betroffene Schreiben bekamen, die sie von der Einstellung des laufenden Verfahrens in Kenntnis setzten, während zeitgleich neue, offensichtlich zur Serie gehörende Straftaten begangen wurden.

Zwei Haftbefehle und schnelle Ernüchterung

Seit der Übernahme des Verfahrens durch die Generalstaatsanwaltschaft im Sommer 2020 habe sich die Situation verbessert, so die Expertenkommission. Als ein »erstes positives Ergebnis dieser intensivierten Arbeit« bewertet sie, dass im Dezember

2020 beim Amtsgericht Berlin-Tiergarten Haftbefehle gegen Sebastian T. und Tilo P. erwirkt werden konnten. Im Januar 2021 allerdings wurde Sebastian T. nicht nur aus der Untersuchungshaft entlassen, das Landgericht Berlin entschied auch, ein dringender Tatverdacht liege nicht vor.

Ein weiterer Schlag für die Betroffenen der Anschlagsserie. Denn dass T. in die Taten verwickelt ist, gilt schon seit Jahren nahezu als gesichert. »Der Neukölln-Komplex war nie unaufgeklärt«, schreibt etwa die Initiative Neukölln Watch, die zu den Verstrickungen der Ermittlungsbehörden recherchiert. Dass der überschaubare, aber über Jahre hinweg sehr aktive Kreis Südneuköllner Neonazis, zu denen auch Sebastian T. zählt, hinter den Taten stecke, sei schließlich ein offenes Geheimnis.

Zweifelsfrei bewiesen werden kann dieser Verdacht aber bislang offenbar nicht. Ein kleiner Trost für die Betroffenen mag sein, dass Sebastian T. und Tilo P. sich zumindest wegen anderer Straftaten vor Gericht verantworten müssen: Ende August 2020 wurde gegen sie ein Verfahren wegen einer Serie von Schmierereien eröffnet, die den in rechtsextremen Kreisen als Märtyrer gefeierten NS-Kriegsverbrecher und Stellvertreter Adolf Hitlers, Rudolf Heß, glorifizierten. Ende Januar 2021 erhob die Generalstaatsanwaltschaft Berlin eine zweite Anklage gegen Sebastian T. und drei weitere Komplizen, in der es erneut um eine Serie von Sachbeschädigungen im Kontext des sogenannten Rudolf-Heß-Gedenkmarsches geht – eine Neonazi-Demonstration, die 2017 in Berlin stattfand.

Es gibt zudem noch eine mutmaßliche Straftat, wegen derer die Generalstaatsanwaltschaft Berlin gegen Sebastian T. ermittelt: Er steht im Verdacht, im Frühling 2020 unrechtmäßig 5000 Euro Corona-Soforthilfen für eine Garten- und Landschaftsbaufirma erhalten zu haben, die es in Wirklichkeit gar nicht gab. Es wäre eine bittere Ironie, sollte dies am Ende die einzige Straftat sein, die die Justiz Sebastian T. zweifelsfrei nachweisen kann.

Seit Juni 2021 sorgen neue Ermittlungen gegen den Polizeibeamten Detlef M., der wegen seiner Kontakte zum AfD-Bezirksverband und zum mutmaßlichen Haupttäter der Anschlagsserie, Tilo P., seit längerem in der Öffentlichkeit steht und Gegenstand von Ermittlungsverfahren ist, für weitere Unruhe bei den Betroffenen der Anschläge. Denn gegen M. und ein halbes Dutzend weiterer Polizisten ermittelt die Staatsanwaltschaft wegen mutmaßlicher Volksverhetzung und dem Verwenden von verfassungsfeindlichen Symbolen in einer rechtsextremen Chatgruppe mit einem Dutzend Teilnehmer:innen.

Literatur: Senatsverwaltung für Inneres und Sport und Senatsverwaltung für Justiz, Verbraucherschutz und Antidiskriminierung, Öffentliche Version des Abschlussberichts der »Kommission zur Überprüfung der bisherigen Ermittlungsmaßnahmen zur Aufklärung der rechtsmotivierten Straftatenserie in Neukölln«, Kommission Neukölln vom Mai 2021, abrufbar unter www.berlin.de; Aiko Kempen, Auf dem rechten Weg? Rassisten und Neonazis in der deutschen Polizei, München 2021.

Demokratische Notwehr

Kann der neue Rechtsstaatsmechanismus
die Grundwerte der EU effektiv schützen?

von Katarina Barley

Seit Jahrzehnten schaut die EU mehr oder weniger machtlos
zu, wie in manchen Staaten Rechtsstaatlichkeit und Demokratie systematisch abgebaut werden und die Grundlagen der EU
erodieren. Im vergangenen Jahr hat sie endlich eine Möglichkeit
geschaffen, die Regierungen dieser Staaten da zu packen, wo sie
am empfindlichsten sind: bei den Geldzuweisungen.

So intensiv und erbittert wurde wohl kaum je um ein europäisches Gesetz der jüngeren Vergangenheit gerungen wie um
die »Verordnung über eine allgemeine Konditionalitätsregelung
zum Schutz des Haushalts der Union«, wie der EU-Rechtsstaats-
mechanismus offiziell heißt. Die EU kann auf dieser Grundlage
bei systematischen Verstößen gegen rechtsstaatliche Prinzipien
Gelder betroffener Mitgliedstaaten einfrieren. Insbesondere die
Regierungen Ungarns und Polens hatten sich lange Zeit gegen
diesen europäischen Notwehrmechanismus für die Rechtsstaatlichkeit gestemmt, indem sie den siebenjährigen EU-Haushalt
und den milliardenschweren Corona-Wiederaufbaufonds blo-
ckierten. Wie konnte es zu dieser Eskalation kommen?

Die Webfehler des europäischen Demokratieschutzes

Selbst Verfechter der europäischen Integration als rein wirtschaftliches Projekt müssen anerkennen, dass es sich bei der Europäischen Union schon seit Beginn um eine Rechtsgemeinschaft handelt. Grenzüberschreitender Verkehr von Waren, Dienstleistungen, Personen und Kapital kann nur im Vertrauen funktionieren, in jedem Land der EU Zugang zu rechtsstaatlichen Verfahren und unabhängiger Rechtsprechung zu haben. Das bedeutet nicht, dass sich die Rechtsstaatlichkeit in der EU auf rein prozedurale Aspekte beschränkt. Alle Mitgliedstaaten haben sich bei der Verabschiedung der EU-Verträge oder bei ihrem EU-Beitritt aus freien Stücken zu den gemeinsamen Grundwerten bekannt. Artikel 2 des EU-Vertrags (EUV) drückt in unbestechlicher Klarheit diesen Wesenskern der EU aus:

> Die Werte, auf die sich die Union gründet, sind die Achtung der Menschenwürde, Freiheit, Demokratie, Gleichheit, Rechtsstaatlichkeit und die Wahrung der Menschenrechte einschließlich der Rechte der Personen, die Minderheiten angehören.

Zudem wurde in Artikel 7 EUV für den Fall vorgesorgt, dass sich ein Mitgliedstaat von den Grundwerten verabschiedet. Hier droht ihm als Ultima Ratio der Stimmentzug. Zwei grundlegende Webfehler enthielt das System allerdings bislang: Nach Prüfung der demokratischen *Checks and Balances* beim Beitrittsprozess fehlt eine regelmäßige Überprüfung der Grundwerte – ein Grundwerte-Monitoring. Außerdem ist Einstimmigkeit nötig, um Sanktionen nach Artikel 7 EUV zu verhängen. Aktuell laufen derartige Verfahren gegen Ungarn und Polen. Da sich beide gegenseitig decken, kommt die nötige Einstimmigkeit gegen den jeweils anderen nicht zustande.

Dabei ist es existenziell, dass die EU einen systematischen Abbau von Demokratie und Rechtsstaatlichkeit nicht schulterzuckend hinnimmt. Das betrifft nicht nur die bereits angesprochene rein funktionale Notwendigkeit rechtsstaatlicher Garantien für den Binnenmarkt. Die gemeinsamen Werte unserer Gemeinschaft, zu der wir nach 70 Jahren zusammengewachsen sind, gehen weit darüber hinaus. Das zentrale Hoffnungsversprechen des geeinten Europas beinhaltet, allen Bürgerinnen und Bürgern ein Leben in Freiheit und Demokratie zu ermöglichen. Die Einhaltung dieser Grundwerte ist die EU also in erster Linie den Menschen schuldig.

Gerade jetzt besteht aber akute Gefahr, denn die kritisierten Regierungen haben jüngst ein neues Narrativ entwickelt. Sie behaupten, Rechtsstaatlichkeit ließe sich gar nicht allgemeingültig für die EU definieren; sie sei abhängig von nationaler Geschichte und Kultur und daher müsse jeder Mitgliedstaat seine eigene Vorstellung davon verwirklichen. Dieses Narrativ ist deshalb so bedrohlich für den Wesenskern der EU, weil es ihr Grundprinzip »in Vielfalt geeint« pervertiert. Natürlich gibt es unterschiedliche Rechtstraditionen und -kulturen in Europa und genau diese Vielfalt soll und will die EU nicht beschneiden. WIE die Mitgliedstaaten Rechtsstaatlichkeit gewährleisten, bleibt ihnen überlassen. Das Ergebnis lässt sich aber sehr wohl europäisch einheitlich definieren und muss überall gleich lauten: Die effektive Kontrolle von exekutiver und legislativer Macht. Dafür braucht es eine unabhängige Justiz, freie Medien, Gewaltenteilung, eine aktive Zivilgesellschaft mit dem Schutz von Minderheiten. Genau diese Kontrolle der eigenen Macht fürchten eine wachsende Zahl von Regierungen in der EU.

Der (vorläufige) Sieg des Parlamentes

Die EU-Kommission hat daher bereits im Jahr 2018 eine Verordnung vorgeschlagen, deren Ansatz so simpel wie einleuchtend ist: Wenn ein Mitgliedsland sich von rechtsstaatlichen Grundprinzipien verabschiedet, so ist es auch nicht mehr möglich, dort die Verwendung von EU-Geldern zu kontrollieren. Denn bislang sind es in erster Linie die nationalen Justizsysteme, die unsachgemäßen Ausgaben von EU-Mitteln nachgehen können und müssen. Die Europäische Staatsanwaltschaft befindet sich noch im Aufbau, und manche Mitgliedstaaten – darunter Ungarn und Polen – sind ihr nicht beigetreten. Das europäische Amt für Betrugsbekämpfung (OLAF) ermittelt zwar, muss zur Strafverfolgung aber an nationale Behörden übergeben. Was passiert, wenn diese nicht unabhängig sind, sehen wir am deutlichsten in Ungarn, wo Ministerpräsident Viktor Orbán seit vielen Jahren unglaubliche Summen in den Taschen seines Clans verschwinden lässt. OLAF ermittelt die Fakten, aber die ungarischen Behörden tun: nichts.

Im Europäischen Parlament stieß die Kommission mit dem Vorschlag für ein neues Instrument auf offene Ohren. Es hat eine lange Tradition, Verfehlungen der Mitgliedstaaten bei den Grundwerten anzuprangern, und im Jahr 2017 auch das Artikel-7-Verfahren gegen Ungarn angestoßen. Ungarn und Polen gehören zu den größten Zuwendungsempfängern in der EU. Sie sträubten sich von Beginn an auch gegen den neuen Rechtsstaatsmechanismus. Deshalb geschah lange erst einmal: nichts. Der Rat der Mitgliedstaaten weigerte sich schlicht, eine Position zu dem Vorschlag der Kommission zu verabschieden. Somit konnte das EU-Gesetzgebungsverfahren gar nicht erst beginnen.

Einmal mehr war es das Parlament, das Bewegung in das Verfahren brachte: Über alle Fraktionen hinweg (mit Ausnahme der extrem rechten) bekannten sich die Abgeordneten dazu, dem neuen EU-Haushalt nur dann zuzustimmen, wenn gleichzeitig der Rechtsstaatsmechanismus verabschiedet werden würde. Mit dieser klaren Haltung nahmen die Verhandlungen wieder Fahrt auf. Die Fronten jedoch waren verhärtet: Die Mitgliedstaaten waren konfliktscheu, denn sie wollten vor allem einen schnellen Abschluss der Haushaltsverhandlungen und des Corona-Wiederaufbaufonds in Gang setzen. Das Parlament wollte das auch, war aber weitsichtiger: Jetzt war der richtige Zeitpunkt gekommen, um den seit mehr als zehn Jahren andauernden Verfall demokratischer Werte in der EU zu stoppen.

Diese Gemengelage führte kurz vor Weihnachten 2020 zum Showdown in Brüssel. Die Zeit für die Verabschiedung des Haushalts drängte. Die Mitgliedstaaten übten massiven Druck auf das Parlament aus. Die Abgeordneten blieben jedoch standhaft und konnten so erreichen, dass in der finalen Fassung klar auf die Grundwerte aus Artikel 2 des EU-Vertrags Bezug genommen wurde. Das Parlament setzte damit durch, dass der neue Mechanismus eben nicht nur bei einzelnen Korruptionsfällen greift. Er findet vielmehr Anwendung, wenn ein Mitgliedstaat strukturelle Defizite bei rechtsstaatlichen Prinzipien aufweist. Um den Durchbruch zu ermöglichen, wurde dem Rat zugestanden, dass er etwaige Mittelkürzungen mit qualifizierter Mehrheit bestätigen muss – mit 55 Prozent, also 15 von 27 der Mitgliedstaaten, die zusammen mindestens 65 Prozent der Gesamtbevölkerung der EU ausmachen – und nur solche Verstöße erfasst werden, die sich auf das EU-Budget auswirken. Ein Webfehler wurde also vermieden: das Einstimmigkeitserfordernis. Wie wichtig dies ist, wurde gleich bei der Verabschiedung des Mechanismus im Rat deutlich, als Ungarn und Polen überstimmt wurden. Das Parlament hat also – vorläufig – gesiegt.

Eine wirklich wehrhafte Demokratiegemeinschaft?

So groß die Freude über die Verabschiedung des neuen Mechanismus im Europäischen Parlament ist, so groß ist auch die Er-
nüchterung über seine bisher ausbleibende Anwendung. Um
die Zustimmung Polens und Ungarns zum Haushalt zu sichern,
einigte sich der Europäische Rat darauf, dass die Kommission
den Rechtsstaatsmechanismus so lange nicht anwendet, bis er
vom Europäischen Gerichtshof geprüft worden ist. Dies ist in
mehrerlei Hinsicht ein unerhörter Vorgang. Zum einen handelt
es sich um eine Verordnung, die unmittelbar anwendbar ist und
keine weiteren Umsetzungsschritte erfordert – oder erlaubt.
Zum anderen ist der Europäische Rat, bestehend aus den Staats-
und RegierungschefInnen, ausdrücklich kein Gesetzgebungs-
organ und kann daher ohnehin keine neuen Erfordernisse zu
einem beschlossenen Rechtsakt hinzufügen. Die Kommission
wiederum dürfte sich als Hüterin der Verträge an diese Auffassung des Europäischen Rates nicht gebunden fühlen, hat sie sich
jedoch zu eigen gemacht.

Ungarn und Polen haben gegen die Verordnung geklagt. Sie
sehen für sie keine Grundlage in den Verträgen und befürchten,
das Einstimmigkeitserfordernis des Artikel-7-Verfahrens solle
mit dem neuen Instrument unterlaufen werden. Gerichtliche
Überprüfung ist ein Zeichen von Rechtsstaatlichkeit und grundsätzlich zu begrüßen. Daraus ergibt sich aber keine aufschie-
bende Wirkung für die Anwendung des Mechanismus. Mit der
Weigerung, geltendes Recht anzuwenden, begeht die EU-Kommission nach Auffassung des Parlaments also selbst Rechtsbruch. Auch wenn die Kommission immer beteuert, dass kein
Fall verloren gehen würde – das Aufschieben hat Folgen, die
nicht im Nachhinein zu korrigieren sind. Nur ein Beispiel hierfür sind die vielen polnischen Justizangehörigen, die von Diszi-

plinarkammern willkürlich ans andere Ende des Landes versetzt werden. Und angesichts des seit Jahren fehlenden politischen Willens aufseiten einiger Mitgliedstaaten, den Rechtsstaatssündern die rote Karte zu zeigen, bleibt mehr als ein schaler Beigeschmack.

Die entscheidende Frage wird sein, ob die EU-Kommission ihrer Rolle als Hüterin der Verträge gerecht wird und den Rechtsstaatsmechanismus wirklich anwendet. Denn wenn die EU keine wehrhafte Demokratiegemeinschaft ist, bleibt von ihren Grundfesten nicht mehr viel übrig, und es reicht ein Windstoß, um sie zu Fall zu bringen.

Verfahren: Verordnung (EU, Euratom) 2020/2092 des Europäischen Parlaments und des Rates vom 16. Dezember 2020 über eine allgemeine Konditionalitätsregelung zum Schutz des Haushalts der Union, abrufbar unter www.eur-lex.europa.eu; Vertrag über die Europäische Union (konsolidierte Fassung), abrufbar unter www.eur-lex.europa.eu.

Literatur: Alberto Alemanno/Merijn Chamon, To Save the Rule of Law you Must Apparently Break It, Verfassungsblog vom 11. Dezember 2020, abrufbar unter www.verfassungsblog.de.

Der Fall Brian E.

Oberlandesgericht Dresden erlaubt Nazis
im Referendariat

von Giulia Borsalino, Maren Diener, Sally Alexander Saling

11. Januar 2016: Etwa 200 Neonazis ziehen randalierend durch
den linken Leipziger Stadtteil Connewitz, zerstören Autos,
Schaufenster und Geschäfte, greifen Passant:innen an, werfen
Steine und zünden Pyrotechnik. Unter ihnen: der Jurastudent
Brian E. Noch während ein Ermittlungsverfahren wegen schwe-
ren Landfriedensbruchs gegen ihn lief, schloss er sein Studium
an der Universität Leipzig ab und bewarb sich beim Freistaat
Sachsen für das Rechtsreferendariat. Obwohl es nach der dama-
ligen Sächsischen Ausbildungs- und Prüfungsordnung für Juris-
ten möglich gewesen wäre, Bewerber:innen wegen anhängiger
Ermittlungsverfahren mit möglichem Strafmaß von über einem
Jahr abzulehnen, entschied sich das Justizprüfungsamt des
Oberlandesgerichts unter Berücksichtigung der Unschuldsver-
mutung für die Zulassung von Brian E. zum Rechtsreferendariat.
Lediglich sein Einsatz im Zusammenhang mit der Ausübung von
Staatsgewalt wurde ausgeschlossen.

Vier Wochen nach Beginn seines Referendariats im November
2018 wurde Brian E. zu einem Jahr und vier Monaten Freiheits-

strafe auf Bewährung verurteilt. Rechtsmittel gegen das Urteil blieben erfolglos, es wurde im Mai 2020 rechtskräftig.

Brian E. darf bleiben

Die alte Fassung der Sächsischen Ausbildungs- und Prüfungsordnung ermöglichte in Paragraph 39 in Verbindung mit Paragraph 34 die Entlassung von Rechtsreferendar:innen, wenn diese rechtskräftig zu einer Freiheitsstrafe von mehr als einem Jahr verurteilt werden. Bei der Entlassungsentscheidung musste eine Abwägung zwischen den Interessen des Staates an einer funktionsfähigen Rechtspflege und der grundrechtlich geschützten Berufsfreiheit der Referendar:innen stattfinden.

Trotz Verurteilung zu einer über einem Jahr liegenden Freiheitsstrafe entschied das Oberlandesgericht in seiner Funktion als Justizausbildungsbehörde im Mai 2020, dass Brian E. sein Referendariat fortsetzen könne. In einer Presseerklärung zu diesem Vorgang hob die Behörde die Berufsfreiheit des Referendars hervor. Da dieser einen Monat später sein Examen schreiben sollte, würde ihn eine Entlassung zu diesem Zeitpunkt besonders hart treffen.

Die Entscheidung sorgte bei seinen Mitreferendar:innen für großen Unmut. In einer Stellungnahme kritisierten sie die Entscheidung: Diese sei fehlerhaft, weil die Berufsfreiheit aufgrund der bereits mit einem ersten Staatsexamen ergreifbaren Berufe zu hoch und die Funktionsfähigkeit der Rechtspflege, die das gesellschaftliche Vertrauen in die Justiz insgesamt erfasst, zu gering gewichtet worden sei. Darüber hinaus sei die Entscheidung politisch unverantwortlich, insbesondere vor dem Hintergrund, dass in Deutschland und gerade in Sachsen Rechtsextremismus immer wieder verharmlost werde.

Das Oberlandesgericht zieht sich aus der Verantwortung

In einem Brief an die Referendar:innen rechtfertigte das Oberlandesgericht seine Entscheidung mit dem Argument, dass eine rechte Gesinnung des Brian E. trotz der konkreten Tat und weiterer Hinweise nicht abschließend festgestellt werden konnte. Außerdem zeige sich die Stärke eines Rechtsstaates »gegen Extremismus von jeder Seite« darin, wie konsequent er an seinen Grundprinzipien festhalte. Das Gericht bemühte dabei ein Zitat des ehemaligen Bundesverfassungsrichters Johannes Masing aus der FAZ vom 16. Juli 2020 und meinte: »Die Meinungsfreiheit erlaubt, jede Meinung zu äußern, sogar nationalsozialistisches Gedankengut. Die Grenze liegt nicht im Inhalt, sondern in der Form.« Warum das Oberlandesgericht die Tat von Brian E. nicht als ebendiese Grenzüberschreitung, die sie ist, einstufte, erschließt sich freilich nicht. Der Überfall auf Connewitz war keine rhetorische, sondern eine handfeste Tat. In ihr offenbarte sich die gewaltbereite neonazistische Einstellung von Brian E.

Dass das Gericht angesichts dieser Tat und der anschließenden Verurteilung um Verständnis dafür bat, dass es bei der zu treffenden Abwägungsentscheidung nicht auf politische Aspekte Rücksicht nehmen könne und dürfe, bleibt absolut unverständlich, zumal es in seinem Antwortschreiben auf die Stellungnahme der Referendar:innen vom 27. Juli 2020 selbst darauf hinwies, dass alle gefragt seien, der Gefahr von rechts etwas entgegenzusetzen. Dabei sah das Gericht aber sich selbst wohl nicht in der Pflicht.

Hinsichtlich der Frage, ob das öffentliche Interesse an einer funktionierenden Rechtspflege dadurch beeinträchtigt sei, dass der Referendar einen Abschluss als Volljurist erwerben könne, verwies das Gericht zum einen darauf, dass Brian E. durch den bevorstehenden Abschluss noch nicht zu einem Organ der Rechtspflege (insbesondere Anwalt, Staatsanwalt oder Richter) gemacht werde und die Funktion der Rechtspflege bei einer sonstigen juristischen Tätigkeit nicht in einem Maße beeinträchtigt sei, welches den Ausschluss von der weiteren Ausbildung gerechtfertigt hätte. Zum anderen verwies es darauf, dass die Erlangung des Abschlusses nichts darüber besage, ob Brian E. jemals in einem dieser Berufe tätig werde oder werden könne.

Zwar muss nach Abschluss des zweiten Staatsexamens ein weiterer Zwischenschritt erfolgen, um als Organ der Rechtspflege tätig zu sein. Die Entscheidung ermöglicht aber gerade den Zugang zu diesem Bereich. Gerade diesen Zugang wollten die Vorschriften zur Entlassung von Referendar:innen bei einer rechtskräftigen Verurteilung von über einem Jahr während des Referendariats aber ausschließen und somit schon früher ansetzen. Im vorliegenden Fall wäre die Entlassung insbesondere vor dem Hintergrund der offensichtlich rechtsradikal motivierten Tat und damit einhergehender Demokratiefeindlichkeit angebracht gewesen. Für den Fall, dass die Rechtsanwaltskammer Brian E. zulässt, wird sich das Oberlandesgericht darauf ausruhen können, an dieser Entscheidung mangels »Zuständigkeit« nicht mitgewirkt zu haben. Der Frage, welche Konsequenzen eine Zulassung hätte, widmete sich das Gericht nicht.

Radikalenerlass 2.0?

Als politische Reaktion initiierte das sächsische Justizministerium im Sommer 2020 einen Gesetzgebungsprozess zur Überführung der bisherigen Sächsischen Ausbildungsordnung in ein neu gefasstes Juristenausbildungsgesetz. Zentrale Änderung ist, dass der Zugang zum Referendariat in der Regel, das heißt als

Normalfall ohne weitergehende Begründung, versagt werden soll, wenn ein Verfahren gegen Bewerber:innen geführt wird, welches zu einer Verurteilung zu einer Freiheitsstrafe von mindestens einem Jahr führen kann oder wenn Bewerber:innen die freiheitlich-demokratische Grundordnung in strafbarer Weise bekämpfen. Die Überführung der bisherigen Verordnung in ein formelles Gesetz erleichtert es den Gerichten, Klagen gegen eine Verwehrung des Referendariats abzuweisen. Stand bisher die Berufsfreiheit der Bewerber:innen im Vordergrund, wiegt nun die Funktionsfähigkeit der Rechtspflege und das gesellschaftliche Vertrauen in sie schwerer. Die Verwehrung des Zugangs zum Referendariat in Sachsen hat nun größere Erfolgsaussichten und könnte zukünftig häufiger angewendet werden.

Dagegen regte sich im Herbst 2020 Protest von Studierenden und Referendar:innen in Form eines offenen Briefes. Ihre Kritik: Das Gesetz werde der Problematik der Verharmlosung von Neonazis im und durch den sächsischen Staatsapparat nicht gerecht. Eine Verharmlosung, die bei Unwissen oder Ignoranz gegenüber rechter Ideologie und rechten Strategien beginne und über deren Relativierung bis hin zu offener Sympathie mit ihnen reiche. Statt hier anzusetzen, verschärfe das neue Gesetz nur die staatliche Zugangskontrolle zur juristischen Ausbildung unter Berufung auf die umstrittene Extremismustheorie. Gerade dies begünstige die Gefahr eines Radikalenerlasses 2.0 im Sinne einer stärkeren Gesinnungsprüfung, von welcher aus den sächsischen Verhältnissen und historischer Erfahrung heraus vor allem als politisch links wahrgenommene Bewerber:innen betroffen sein könnten.

Trotz der Kritik wurde das Gesetz am 26. Februar 2021 verabschiedet und trat im März in Kraft. In der durch die Reaktion der Öffentlichkeit angestoßenen Parlamentsdebatte hob die Regierung hervor, dass sich das Gesetz vor allem gegen die Gefahr von rechts richten und zurückhaltend angewandt werden solle, so dass kein neuer Radikalenerlass drohe. Ob dieser Wille des Gesetzgebers in der zukünftigen behördlichen und gerichtlichen Praxis des zwischenzeitlich verabschiedeten Gesetzes Berücksichtigung erfährt, bleibt abzuwarten. Warum eine Verschärfung der geltenden Rechtslage angezeigt war, bleibt (auch unter dem Aspekt der zurückhaltenden Anwendung) unerfindlich, da auch nach der bereits bestehenden Gesetzeslage der Gefahr von rechts begegnet werden konnte.

Falsche Sicherheiten

Das Beispiel Brian E. steht exemplarisch für die Fehler von Politik und Justiz im Umgang mit Rechtsextremist:innen. Auf der einen Seite werden notwendige Entscheidungen nicht getroffen, während auf der anderen Seite Regelungen geschaffen werden, die Missbrauch begünstigen. Grundlage dafür bildet die Extremismustheorie. Die aus ihr resultierende Gleichsetzung von rechts und links fördert die Verharmlosung von rechts wie die Dämonisierung von links gleichermaßen. Es bedarf vielmehr einer grundlegenden Sensibilisierung zum Erkennen rechtsextremer Einstellungsmuster, zumal Neonazis vor Gericht typischerweise ihre politischen Einstellungen abstreiten.

Die bisherigen gesetzlichen Regelungen boten genügend Spielraum, Brian E. zu entlassen. Schärfere Regelungen helfen in einem juristischen Apparat, der die von Rechtsextremen ausgehende Gefahr verharmlost, nicht weiter. Neue Gesetze (wie auch das Verfassungsschutzgesetz von Oktober 2020), die unter dem Vorwand, die Gefahr von rechts zu bekämpfen, stattdessen aber neue Möglichkeiten schaffen, gegen links durchzugreifen, bieten falsche Sicherheit.

Um der wachsenden Gefahr von rechts die Stirn zu bieten, sollte der sächsische Gesetzgeber, wenn er denn schon neue Tatbestände schaffen will, Rechtsextremismus spezifisch erfassen und den Spielraum für die Auslegung unbestimmter Rechtsbegriffe bei zu treffenden Entscheidungen verringern. Vor allem aber sollte die Justiz alle zur Verfügung stehenden Möglichkeiten ausschöpfen, Rechtsextremismus zu bekämpfen, und ihre eigene Flanke nach rechts schließen, um ein Abdriften des Justizapparats in genau diese Richtung zu verhindern.

Verfahren: Stellungnahme von 243 Referendar*innen aus Sachsen zum Fall des Referendars Brian E. Das OLG duldet Rechtsextreme im Referendariat, in: Kritische Justiz (KJ) 2020, Heft 4, Rubrik: Rechte Abgründe, S. 563–566; Oberlandesgericht Dresden, Antwortschreiben vom 27. Juli 2020 auf die Stellungnahme der Referendar:innen; Gesetz zur Anpassung von Vorschriften mit Bezug zur Justiz vom 26. Februar 2021 (in Sächsisches Gesetz- und Verordnungsblatt (SächsGVBl) 2021, S. 318); Sächsischer Landtag, Sitzung vom 3. Februar 2021, Plenarprotokoll 7/22, abrufbar unter www.landtag.sachsen.de.

Literatur: Aiko Kempen/Katharina Meyer zu Eppendorf, Warum bildet der Staat einen Verfassungsfeind aus, ZEIT Campus Nr. 1/2021 vom 1. Dezember 2020; Maren Diener, Neonazis im Referendariat? Konsequenzen aus der Entscheidung des OLG Dresden zum Fall Brian E., in: Kritische Justiz (KJ) 2021, Heft 2, Rubrik: Rechte Abgründe, S. 214–217; Reinhard Müller, »Die Stellung des BVerfG ist prekär«, Interview mit Johannes Masing, FAZ vom 16.7.2020.

Kein Geld für die Desiderius-Erasmus-Stiftung!

Deutschland braucht ein Wehrhafte-Demokratie-Gesetz

von Volker Beck

Seit der Gründung der Desiderius-Erasmus-Stiftung 2017 versucht die AfD, Bundesmittel für die ihr nahestehende politische Stiftung zu erhalten. Unter Berufung auf ihr Recht auf Chancengleichheit im politischen Wettbewerb ist sie gegen ablehnende Bescheidungen ihrer Zahlungsanträge durch das Bundesverwaltungsamt im Rahmen eines Organstreitverfahrens vor das Bundesverfassungsgericht gezogen. Das Gericht hat im Juli 2020 den Antrag auf Erlass einer einstweiligen Anordnung allerdings als unzulässig abgelehnt.

Finanzierung der politischen Stiftungen

Die Entscheidung, ob und in welcher Höhe die politischen Stiftungen Gelder erhalten, erfolgt, so sagt es die Bundesregierung selbst, seit Beginn der Förderung im Haushaltsjahr 1967 stets im parlamentarischen Verfahren der Haushaltsaufstellung allein durch den Haushaltsgesetzgeber. Lange hat man die Förderung zwischen Haushaltsausschuss und Stiftungen einvernehmlich vereinbart. Grundlage ist dabei eine von den parteinahen Stiftungen von Union, SPD, FDP und Grünen verfasste »Gemeinsame Erklärung zur staatlichen Finanzierung der Politischen Stiftungen«, der die Rosa-Luxemburg-Stiftung, die der Linkspartei nahesteht, später beitrat. Danach erhalten die Stiftungen der Parteien, die längerfristig im Bundestag – dabei zumindest einmal in Fraktionsstärke – vertreten sind, eine Förderung.

Dass sich die Mehrheit im Bundestag Reformbemühungen, die Rechtsverhältnisse der politischen Stiftungen zu regeln, seit mehr als drei Jahrzehnten verschloss, droht sich nun zu rächen. Es fehlt an klaren Regeln: Dabei geht es nicht nur darum, den Beginn der Mittelvergabe an eine verfassungsphobe Stiftung – also eine verfassungswidrige, verfassungsfeindliche oder -ablehnende bis -indifferente Stiftung – für ihre politische Bildungsarbeit zu definieren. Die Frage muss auch sein, ob die Förderung in einem solchen Fall überhaupt stattfinden soll oder nicht wegen des Zuwendungszwecks Demokratieförderung unterbleiben muss.

Die AfD kämpft seit ihrem Einzug in den Bundestag mit allen juristischen und parlamentarischen Mitteln dafür, Bundesmittel für die 2017 gegründete, der AfD nahestehende Desiderius-Erasmus-Stiftung (DES) unter dem Vorsitz der früheren Vertriebenenfunktionärin Erika Steinbach zu erhalten. Bislang vergeblich – aber nur aus formalen Gründen.

Ohne gesetzliche Regelung wird die DES jährlich bald Millionenbeträge im oberen zweistelligen Bereich erhalten. Damit wird die Vernetzung und Verfestigung der ideologischen Netzwerke der Neuen Rechten finanziert werden und für antidemokratische Populist*innen, Rassist*innen, Islamhasser*innen, Antisemit*innen und Homo- und Transsexuellenfeind*innen entsteht ein neuer Arbeitsmarkt mit ungefähr 250 Stellen.

Es stellt sich auch die Frage, ob der Verfassungsstaat die Propaganda seiner Gegner*innen im Namen des Pluralismus fördern muss. Antidemokratische Haltungen von Leuten, die das Wahlrecht für Transfereinkommensbezieher*innen abschaffen wollen, die Phantasien von Volksgerichtshöfen revitalisieren, die Abgeordnete bei der Ausübung ihres Mandats körperlich bedrängen, ihre Umsturzphantasien auf den Stufen des Reichstags gefährlich zelebrieren oder die die Shoah und den deutschen Angriffs- und Vernichtungskrieg für einen »Vogelschiss« halten, sollten ihre Ideologie nicht mit vielen Millionen Euro aus dem Bundeshaushalt gefördert bekommen, die eigentlich für politische Bildung gedacht sind.

Keine klare Rechtsgrundlage für die Arbeit der parteinahen Stiftungen

Wer das für richtig hält, darf dem Lauf der Dinge nicht tatenlos zusehen. Der Gesetzgeber muss mit einem Wehrhafte-Demokratie-Gesetz der Förderung von Steinbachs, Gaulands und Meuthens Unterstützer*innen einen Riegel vorgeben, indem man die Förderung der Arbeit der parteinahen Stiftungen an die aktive Unterstützung der freiheitlich-demokratischen Grundordnung durch deren Bildungsarbeit bindet. Eigentlich eine Selbstverständlichkeit. Die Bundeshaushaltsordnung verlangt seit jeher eine zielgerichtete Zuwendungspraxis. Ohne dass »der Bund an der Erfüllung durch solche Stellen ein erhebliches Interesse hat, das ohne die Zuwendungen nicht oder nicht im notwendigen Umfang befriedigt werden kann«, gibt es auch kein Geld. Warum sollte das bei der politischen Bildungsarbeit der parteinahen Stiftungen anders sein?

Für die Väter und Mütter des Grundgesetzes war die wehrhafte Demokratie eine selbstverständliche Notwendigkeit. Sie hatten die Erfahrung des Endes der Weimarer Republik noch in den Knochen: Die beste demokratische Verfassung hat keinen Bestand, wenn sie nicht von Demokrat*innen mit Leben erfüllt wird.

Der SPD-Politiker Carlo Schmid formulierte 1948 vor dem Parlamentarischen Rat: »Man muss auch den Mut zur Intoleranz denen gegenüber aufbringen, die die Demokratie gebrauchen wollen, um sie umzubringen.« Mit Vereins- und Parteiverboten bis hin zur Verwirkung der Grundrechte hält das Grundgesetz ein scharfes Waffenarsenal parat. Aber das Verhältnismäßigkeitsprinzip verlangt, dass man diese repressiven Mittel nur als letzte Mittel anwendet. Prävention geht vor Repression: Schon in den ersten Jahrzehnten der zweiten deutschen Republik hatte man daher die politische Bildung als *Soft Tool* der wehrhaften Demokratie erkannt und unter anderem die parteinahen Stiftungen sowie die Bundeszentrale für politische Bildung damit beauftragt. Allerdings ist der Staat, so der ehemalige Bundesverfassungsrichter und Rechtsphilosoph Ernst-Wolfgang Böckenförde, Feind*innen der Demokratie eben nicht schicksalhaft ausgeliefert: »Der Staat kann [...] vorhandene Ethosbestände und Grundeinstellungen stützen und schützen [...] und lebendig erhalten, damit sie sich in die nachfolgenden Generationen weitertragen.« Dies geschieht durch die politische Bildung: Durch Festigung des demokratischen Bewusstseins und durch Förderung der Bereitschaft zur politischen Mitarbeit sollen die grundlegenden Prinzipien der freiheitlich-demokratischen Grundordnung in der Gesellschaft verankert und gestärkt werden.

Man würde den Zweck der politischen Bildung verfehlen, eigentlich sogar konterkarieren, würde man Demokratiefeind*innen damit beauftragen. Mit einem Wehrhafte-Demokratie-Gesetz sollte man daher die politischen Stiftungen und die

Fördervoraussetzungen gesetzlich regeln. Nur parteinahe Stiftungen, die die gesetzlichen Voraussetzungen erfüllen, sollen in ein Stiftungsregister aufgenommen werden: Die politische Stiftung einer nicht dauerhaften (mehrmaliger Einzug der Bezugspartei in den Bundestag) oder nicht demokratischen politischen Grundströmung muss von der Aufnahme in das Stiftungsregister und somit von der staatlichen Finanzierung ausgeschlossen sein. Die Finanzierung der Stiftungen ist ja nicht zweckfrei, sondern subsidiär zur staatlichen Erledigung einer öffentlichen Aufgabe: nämlich der Demokratiebildung.

Nur wer die freiheitlich-demokratische Grundordnung aktiv mit Überzeugung unterstützt, kann dem Demokratieerziehungsauftrag der politischen Bildung gerecht werden. Insofern ist es sachgerecht und erforderlich, verfassungsphobe Stiftungen nicht mit Aufgaben der Demokratieerziehung zu beauftragen. Denn: Verfassungsphobe und demokratische politische Grundströmungen unterscheiden sich in ihrer Haltung zur freiheitlich-demokratischen Grundordnung. Dieser Tatsache bei Maßnahmen zur Verteidigung von Demokratie und Rechtsstaatlichkeit Rechnung zu tragen, ist kein Verstoß gegen den Gleichheitssatz, sondern genügt dem verfassungsrechtlichen Auftrag, »Ungleiches seiner Eigenart entsprechend verschieden zu behandeln«.

Förderung politischer Bildung als Teil der wehrhaften Demokratie

Bezeichnend war die Reaktion der AfD auf die Vorstellung der Eckpunkte eines Wehrhafte-Demokratie-Gesetzes durch die Bildungsstätte Anne-Frank im April 2021: Der Parteivorsitzende Jörg Meuthen behauptet gar nicht erst, dass die Desiderius-Erasmus-Stiftung die freiheitlich-demokratische Grundordnung aktiv unterstützte, sondern reklamierte schlichtweg im Namen einer kriterienlosen Vielfalt seinen Anteil vom Stiftungskuchen im Bundeshaushalt: »[...] zum Wesenskern der Demokratie gehört die Meinungsvielfalt und der Diskurs über unterschiedliche politische Positionen. [...] Ein Gesetz, das darauf abzielt, allein jener Stiftung Fördermittel vorzuenthalten, die der AfD nahesteht, verstößt damit gegen dieses demokratische Prinzip.« Er verkennt, dass der Staat mit der Mittelzuweisung ein legitimes Ziel verfolgt, das der Maßstab für die Vergabe der Mittel sein sollte. Treffend formulierte Karl Popper 1945 das Paradox der Toleranz; es ist auch eine Antwort auf Meuthens kriterienloses Vielfaltsgerede: »Uneingeschränkte Toleranz führt mit Notwendigkeit zum Verschwinden der Toleranz. Denn wenn wir die uneingeschränkte Toleranz sogar auf die Intoleranten ausdehnen, wenn wir nicht bereit sind, eine tolerante Gesellschaftsordnung gegen die Angriffe der Intoleranz zu verteidigen, dann werden die Toleranten vernichtet werden und die Toleranz mit ihnen.«

Der Einwand, ein dauerhafter Ausschluss der AfD-nahen Desiderius-Erasmus-Stiftung verletze das Recht auf Chancengleichheit der AfD, geht ins Leere. Wiederholt hat das Bundesverfassungsgericht festgestellt: Die politischen Stiftungen fallen nicht unter das Parteienprivileg, und es muss hier auch nicht die Chancengleichheit der Parteien gesichert werden, da den Stiftungen verboten ist, in den »Wettbewerb der politischen Parteien einzugreifen«: Die politische Bildungsarbeit und Forschung der Stiftungen hat in »geistiger Offenheit« und in institutioneller Parteiferne zu erfolgen sowie gleichermaßen zugänglich für alle Bürger*innen des Landes zu sein. Erforderlich ist allerdings, dass die politische Bildungsarbeit pluralistisch erfolgt.

Viel Zeit hat der Gesetzgeber nicht. Das Organstreitverfahren der AfD hat dem Bundestag mit der Ablehnung der einstweiligen

Anordnung etwas Zeit verschafft. Allzulange wird das Hauptsacheverfahren aber nicht auf sich warten lassen.

Verfahren: AfD, Erfolgloser Antrag auf Erlass einer einstweiligen Anordnung gegen die Nichtgewährung von Zuschüssen an ihre parteinahe Stiftung Desiderius-Erasmus-Stiftung, Entscheidung über den Antrag auf Einstweilige Verfügung: Bundesverfassungsgericht, Beschluss vom 22. Juli 2020, Aktenzeichen 2 BvE 3/19; Erfolglose Verfassungsbeschwerde der AfD-nahen Desiderius-Erasmus-Stiftung e. V. gegen die Nichtgewährung von Zuschüssen:
Bundesverfassungsgericht, Beschluss vom 20. Mai 2019, Aktenzeichen 2 BvR 649/19; Bundesverfassungsgericht: Ungleiches seiner Eigenart entsprechend verschieden zu behandeln BVerfGE 71, 255 <271>; Bundestags-Drucksachen: BT-Drs. 19/503 vom 23. Januar 2018; BT-Drs. 19/2674 vom 12. Juni 2018; BT-Drs. 19/4138 vom 4. September 2018; BT-Drs. 19/22037 vom 2. September 2020; BT-Drs. 19/28087 vom 30. März 2021; BT-Drs. 19/28130 vom 30. März 2021.

Literatur: Volker Beck, Eckpunkte-Papier für ein Wehrhafte-Demokratie-Gesetz. Die politische Bildung und die der politischen Stiftungen gesetzlich regeln, herausgegeben von der Bildungsstätte Anne Frank, Zentrum für politische Bildung und Beratung, Berlin/Frankfurt am Main 2021, abrufbar unter www.bs-anne-frank.de; Jörg Meuthen, Demokratie braucht Meinungsvielfalt, keine einseitige politische Bildung, abrufbar unter www.afd.de.

»Tu dir selber einen Gefallen und beweg dich nicht«

Dresdner Generalstaatsanwaltschaft billigt
Angriffe auf die Presse

von Nele Austermann

Auf Einladung des sächsischen Landtagsabgeordneten Dietmar Schaufel treffen sich im Juli 2020 in der Nähe der sächsischen Kleinstadt Plauen mehrere AfD-Mitglieder und Gäste zu einer öffentlichen Informationsveranstaltung. Ein Journalist filmt und fotografiert, mehrere Personen versuchen ihn daran zu hindern, greifen und schlagen nach seiner Kamera, drücken ihn zu Boden, verletzen ihn. Im Anschluss stellt das Opfer Strafanzeige gegen die Teilnehmer:innen. Auf einem Video des Journalisten, das den Angriff auf ihn dokumentiert, sind die Angreifer:innen klar zu erkennen. Dennoch stellt die Staatsanwaltschaft Zwickau das Ermittlungsverfahren ein. Die Strafverfolgungsbehörde begründet dies damit, dass die auf dem Video zu sehenden Schläge nicht zweifelsfrei einem der Männer zugeordnet werden könnten. Nach der Beschwerde des Journalisten kassiert die Generalstaatsanwaltschaft Dresden zwar diese Begründung, erklärt aber dennoch die Einstellung des Verfahrens: Die Schuld sei für ein Ermittlungsverfahren als zu gering anzusehen, außerdem bestehe kein öffentliches Interesse an der Verfolgung (Paragraph 153 Absatz 1 StPO).

»Ich habe Ihnen die Festnahme angekündigt.
Und die ist vollzogen worden.«

Die Entscheidungen der Staatsanwaltschaft sind angesichts des mittlerweile auf YouTube veröffentlichten Videos der Tat nicht nachvollziehbar. Darauf ist Folgendes zu sehen:

Der Journalist, ausgestattet mit gelber Presseweste und Gewerbeschein, filmt mit großem Abstand die Teilnehmer:innen der AfD-Veranstaltung im Biergarten eines Gasthauses. Mehrere Personen mittleren Alters bedrängen und beleidigen ihn, drohen zunächst selbst mit der Polizei. Die Szene erinnert an den deutschen »Hutbürger«, der Mitte 2019 ein ZDF-Kamerateam mit dem Satz anpöbelte: »Sie haben mich ins Gesicht gefilmt.« (Siehe hierzu *Jörn Reinhardt,* im Report 2020, S. 239–244.) Anders als damals bleibt es aber in Plauen nicht bei verbalen Ausfällen und missverstandenem Persönlichkeitsrecht. Der Journalist wird – wie auf den Aufnahmen eindeutig zu sehen ist – auch körperlich angegriffen, erst schubsen die Personen ihn und schlagen nach der Kamera, dann verdrehen sie ihm die Arme im Polizeigriff auf dem Rücken. Kamera und Gewerbeausweis werden ihm gewaltsam entrissen, er wird zu Boden geworfen und dort festgehalten. Der Journalist trägt Schürfwunden, Prellungen und Zerrungen davon, noch Wochen nach der Tat gibt er an, mit posttraumatischem Stress zu kämpfen.

Im Video sieht man Männer und Frauen, die den Journalisten umringen, bedrängen, festhalten, tätlich werden und ihn ohne Unrechtsbewusstsein an der Berichterstattung über eine öffentliche Veranstaltung hindern. Ihren absoluten Mangel an

Unrechtsbewusstsein erkennt man auch deutlich daran, dass sie es sind, die die Polizei rufen.

Die Sicherheit und die Selbstverständlichkeit, mit der diese Leute ihre Tat begehen und die beim Ansehen der Videos sofort ins Auge fallen, befremden. Es ist die Sicherheit der sprichwörtlich gewordenen »alten weißen Männer«, die hier wie selbstverständlich das Recht und den Staatsapparat hinter sich wähnen, die zu wissen scheinen, dass ihnen nichts passieren kann. Die Neue Rechte hat seit dem Vorfall mit dem »Hutbürger« an Kraft und Sicherheit gewonnen. Sie hat das Selbstverständnis entwickelt, alleine darüber bestimmen zu können, welche Presseberichterstattung ihr genehm ist und welche nicht, und leitet daraus für sich das Recht ab, gewaltsam gegen Personen vorzugehen, die dieses Selbstverständnis nicht teilen.

Die sächsische Generalanwaltschaft nährte dieses Selbstverständnis sogar noch, als sie das Ermittlungsverfahren einstellte, obwohl ihr das Videomaterial zum Tathergang vorlag. Nach der Strafprozessordnung kann die Staatsanwaltschaft von der Strafverfolgung absehen, wenn »die Schuld des Täters als gering anzusehen wäre« und »kein öffentliches Interesse« an der Strafverfolgung bestehe. Davon ging die sächsische Generalstaatsanwaltschaft in diesem Verfahren aus. Sie sah das Verschulden der Teilnehmer:innen deswegen als besonders gering an, weil diese nach eigenen Aussagen davon ausgegangen waren, dass sie selbst das Recht dazu hatten, den Journalisten festzunehmen. Dies hört man auch in dem Video, wenn einer der Männer sagt: »Ich habe Ihnen die Festnahme angekündigt. Und die ist vollzogen worden.«

Dieses an Selbstjustiz grenzende Gebaren hinterlässt ein bedrohliches Gefühl. So sagt ein Teilnehmer: »Tu dir selber einen Gefallen und beweg dich nicht.« Für das Ermittlungsverfahren wäre ein solches Festnahmerecht aber rechtlich irrelevant gewesen. Zwar dürfen nach der Strafprozessordnung auch Privatpersonen »auf frischer Tat« Betroffene bis zum Eintreffen der Polizei vorläufig festnehmen. Dies betrifft jedoch ausdrücklich nur Straftaten, weswegen es im Fall des Journalisten, der eine öffentliche Veranstaltung filmte, gerade kein Festnahmerecht gab. Die Beschuldigten können sich also nicht einfach darauf zurückziehen, dass sie presse- und kunsturheberrechtliche Belange offensichtlich verkannt haben und dachten, sie dürften Journalist:innen festnehmen, deren Berichterstattung ihnen nicht passt. Selbst wenn sie sich in dieser Sache tatsächlich irrtümlicherweise im Recht gefühlt hätten, wäre dieser Irrtum jedenfalls vermeidbar gewesen. Denn: Nichtwissen schützt vor Strafe nicht. Auch muss doch bei der Entscheidung über das Maß des Verschuldens das Tatmotiv der Beschuldigten eine Rolle spielen. Ein pressefeindlich motiviertes Handeln darf – auch durch die Generalstaatsanwaltschaft Sachsen – nicht einfach ignoriert werden.

Kein Festnahmerecht

Auch die Behauptung eines fehlenden »öffentlichen Interesses« bleibt ein Geheimnis der Staatsanwaltschaft. Falsch ist, dass ein Angriff auf einen Journalisten, der im Rahmen einer öffentlichen AfD-Veranstaltung Aufnahmen macht und dabei von der Pressefreiheit geschützt ist, kein fehlendes öffentliches Interesse begründen kann. Auch die Generalstaatsanwaltschaft in Sachsen weiß, dass die Pressefreiheit in ihrem Kern dazu dient, die Öffentlichkeit zu informieren. Sie kennt die einschlägigen Richtlinien für Straf- und Bußgeldverfahren, in denen festgelegt ist, dass öffentliches Interesse dann besteht, »wenn der Rechtsfrieden über den Lebenskreis des Verletzten hinaus gestört und die

Strafverfolgung ein gegenwärtiges Anliegen der Allgemeinheit ist«.

Weil es sich bei der journalistischen Arbeit um das grundrechtlich geschützte Gut der Pressefreiheit handelt, ist bei Angriffen auf Journalist:innen immer das Interesse der Öffentlichkeit betroffen. Denn ohne freie Presse und Berichterstattung kann keine pluralistische und demokratische Öffentlichkeit existieren. Es ist in diesem Sinne auf der Hand liegend, dass der Angriff auf einen Journalisten in Plauen von öffentlichem Interesse ist und nicht nur den Angegriffenen selbst betrifft. Auch ist die Strafverfolgung der Tat ein Anliegen der Allgemeinheit, weil es eben die Pressefreiheit ist, die der Öffentlichkeit den Zugang zu Informationen ermöglicht.

Gleichzeitig häufen sich in Deutschland verbale und körperliche Angriffe auf Journalist:innen. Die Organisation »Reporter ohne Grenzen« spricht in diesem Kontext von einer noch nie da gewesenen Dimension von Gewalt gegen Medienschaffende. Angriffe erfolgen vor allem am Rande von Demonstrationen gegen Corona-Maßnahmen, bei denen vor allem Querdenker:innen und Rechtsradikale Presseleute verletzen (siehe den Beitrag von *Tore Vetter* in diesem Report, S. 31 ff.).

Gefährliche Arbeit für Journalist:innen in Sachsen

Eine Kleine Anfrage von Bündnis 90/Grünen im Dezember 2020 ergab, dass Sachsen die Statistik der Gewaltdelikte gegen Medienvertreter:innen deutlich anführt. Die Generalstaatsanwaltschaft Sachsen hat durch ihre milden Urteile bzw. Verfahrenseinstellungen in vielen Fällen sicherlich dazu beigetragen. Auch kommt es vor, dass die Polizist:innen als »Hilfsbeamt:innen der Staatsanwaltschaft« die Journalist:innen nicht schützen. Immer wieder wird im Zuge von Demonstrationen davon berichtet, dass die Polizei Fotograf:innen und Journalist:innen bei Übergriffen nicht schützt und sie sogar an ihrer Arbeit hindert.

Dabei sind es diese Journalist:innen, die zumeist als freie Mitarbeiter:innen die rechten Netzwerke und Strukturen recherchieren und offenlegen und damit der Öffentlichkeit – und auch den Leser:innen dieses Buchs – wichtige Informationen zur Verfügung stellen. Ihre Arbeit ist keine Gefälligkeit. Sie dient dem Ziel einer objektiven Berichterstattung, der sich auch die AfD nicht entziehen kann.

Die Pressefreiheit ist das Fundament und der Gradmesser einer pluralistischen und offenen Gesellschaft und wird genau aus diesem Grund von den Rechten angegriffen. Ebendiesen Aspekt verkennt die Generalstaatsanwaltschaft Sachsen in dem beschriebenen Einzelfall: Das lässt tief blicken!

Verfahren: Staatsanwaltschaft Zwickau, Verfügung vom 18. Januar 2021, Aktenzeichen 120 Js 15196/20; Generalstaatsanwaltschaft Sachsen, Verfügung vom 13. April 2021, Aktenzeichen 23 Zs 527/21.

Literatur: Kleine Anfrage der Abgeordneten Dr. Irene Mihalic u. a. und der Fraktion BÜNDNIS 90/DIE GRÜNEN: Polizeiliche Aufgaben und Pressefreiheit im Spannungsfeld, Bundestags-Drucksache 19/25546 vom 22. Dezember 2020; RSF, Rangliste der Pressefreiheit, abrufbar unter www.reporter-ohne-grenzen.de; Anne Fromm, Arbeiten unter Pressefeinden, taz vom 24. Januar 2021; Sarah Ulrich, Unermüdlicher Einsatz, taz vom 17. Mai 2021.

Im Namen der Neutralitätspflicht

Brandenburg entlässt Lehrer mit rechten Tattoos

von Julia Gelhaar

Bei einem Sportfest einer Oberschule aus Hennigsdorf am 3. Juli 2018 am Barnimer Bernsteinsee zog ein Lehrer sein T-Shirt aus. Ein Kollege machte Fotos, auf denen verschiedene Tattoos auf dem Oberkörper des K. zu sehen sind. Dazu zählen der Schriftzug »Legion Walhalla«, eine »Schwarze Sonne« und »Thors Hammer« mit einer Wolfsangel und einer Gibor-Rune sowie der Leitspruch der SS (»Meine Ehre heißt Treue«).

Der Arbeitskollege legte daraufhin Beschwerde ein, der Fall wurde aber zunächst vom Schulamt verschleppt. Erst Ende Dezember 2019 erhielt K. eine außerordentliche Kündigung, nachdem eine erste wegen eines Formfehlers sowohl vom Arbeitsgericht Neuruppin im Juni 2019 als auch in zweiter Instanz im Dezember vom Landesarbeitsgericht Berlin-Brandenburg zurückgewiesen worden war. Dasselbe Gericht erklärte die Kündigung nun für wirksam und wies die dagegen gerichtete Klage ab. Die Tätowierungen würden auf eine fehlende Eignung als Lehrer schließen lassen, zu der die Gewähr der Verfassungstreue zähle, und daher eine Dienstpflichtverletzung darstellen.

Vom Landgericht Neuruppin wurde K. zudem wegen des Verwendens von Kennzeichen verfassungswidriger Organisationen zu einer Geldstrafe in Höhe von 4500 Euro verurteilt.

Rückblende: die rechtsextremen Tätowierungen eines Berliner Polizisten

Die Richter*innen im Fall des K. orientierten sich an einer grundlegenden Entscheidung des Bundesverwaltungsgerichts zum Umgang mit Beamt*innen mit verfassungsfeindlichen Tätowierungen vom 17. November 2017; das Land Berlin konnte einen Polizeikommissar letztendlich aus dem Beamtenverhältnis entlassen. Gegen den Polizisten leitete die Staatsanwaltschaft bereits 2007 mehrere Ermittlungen ein, stellte diese aber wieder ein. Im Zuge dieser Ermittlungen wurde der Polizeibeamte standardmäßig erkennungsdienstlich behandelt – und es wurden Tätowierungen mit Kennzeichen verfassungswidriger Organisationen dokumentiert. Zudem wurden zahlreiche Fotos sichergestellt, auf denen er in der Öffentlichkeit den Hitlergruß gezeigt hatte. Auch wenn der Mann strafrechtlich nicht belangt werden konnte, weil nicht mit Sicherheit festgestellt werden konnte, dass er den Hitlergruß im Inland gezeigt hatte: Das Land Berlin enthob ihn 2007 unter Fortzahlung der Bezüge vorläufig des Dienstes und erhob 2012 Disziplinarklage mit dem Ziel, ihn aus dem Beamtenverhältnis zu entfernen. Er habe durch sein Verhalten gegen seine Pflicht zur Verfassungstreue, zu achtungs- und vertrauenswürdigem Verhalten und zur Befolgung dienstlicher Anordnungen verstoßen. Das Verwaltungsgericht stellte den Beklagten vom Disziplinarvorwurf frei. Die Revision des Landes beim Bundesverwaltungsgericht 2017 hatte schließlich Erfolg, der Polizist wurde aus dem Dienstverhältnis entlassen.

Fehlen einer gesetzlichen Ermächtigungsgrundlage zur Reglementierung von Tätowierungen

Obschon das Bundesverwaltungsgericht im Fall des Polizeibeamten den Weg für die Entfernung aus dem Beamtenverhältnis freimachte, bemängelte es, dass es für das Verbot des Tragens bestimmter Tätowierungen bei Beamt*innen an einer ausreichenden gesetzlichen Ermächtigung fehle. Ein Verbot stelle einen Eingriff in das allgemeine Persönlichkeitsrecht aus Artikel 2 Absatz 1 in Verbindung mit Artikel 1 Absatz 1 Grundgesetz dar. Eine Aufforderung zur Entfernung der Tätowierungen durch den*die Dienstherr*in sei sogar ein Eingriff in das Grundrecht auf körperliche Unversehrtheit im Sinne des Artikels 2 Absatz 2 Grundgesetz.

Anders als Vorgaben zur Dienstkleidung erstrecke sich das Verbot einzelner Tätowierungen nicht nur auf Zeiten der Dienstausübung, sondern auch auf die private Lebensführung der Beamt*innen. Ein solcher Eingriff in die Rechte der Beamt*innen bedürfe der Schaffung einer formellen gesetzlichen Grundlage durch die Legislative. Bisher wurden Regelungen zum Erscheinungsbild von Beamt*innen aber im Bund und in den Ländern überwiegend auf generelle Befugnisse zur Regelung der Dienstkleidung – für Bundesbeamt*innen auf Paragraph 74 Bundesbeamtengesetz – gestützt, folglich auf Verwaltungsvorschriften oder Verordnungen durch die Exekutive. Dies genüge nicht.

Die Blüten einer Gesetzesnovellierung

Das Gesetz zur Regelung des Erscheinungsbilds von Beamtinnen und Beamten sowie zur Änderung weiterer dienstrechtlicher Vorschriften ist nun seit dem 7. Juli 2021 in Kraft. Es wurde im April 2021 ohne Debatte mit den Stimmen der Regierungs-fraktionen und der AfD im Bundestag verabschiedet. Paragraph 61 Absatz 2 Bundesbeamtengesetz und der wortgleiche Paragraph 34 Absatz 2 Beamtenstatusgesetz enthalten nun die Ermächtigungsgrundlage für die obersten Dienstbehörden, das »Tragen von bestimmten Kleidungsstücken, Schmuck, Symbolen und Tätowierungen im sichtbaren Bereich sowie die Art der Haar- und Barttracht« einschränken oder gar untersagen zu können, »soweit die Funktionsfähigkeit der Verwaltung oder die Pflicht zum achtungs- und vertrauenswürdigen Verhalten dies erfordert«.

Im Gesetz heißt es weiter, dass das Tragen religiöser Merkmale dann eingeschränkt oder untersagt werden kann, »wenn sie objektiv geeignet sind, das Vertrauen in die neutrale Amtsführung der Beamtin oder des Beamten zu beinträchtigen«. Diese Passage stößt vermehrt auf Kritik. Zur Begründung wird auf die Neutralitätspflicht des Staates verwiesen. Als konkrete Beispiele für religiöse Merkmale werden das muslimische Kopftuch, die jüdische Kippa und das christliche Kreuz genannt. Der Eingriff in die Glaubens- und Bekenntnisfreiheit wird mit der Verpflichtung des Staates und seiner Amtsträger*innen zur religiösen und weltanschaulichen Neutralität und der Sicherstellung der Funktionsfähigkeit der Verwaltung gerechtfertigt. Das Vertrauen der Bürger*innen in diese Neutralität könne beeinträchtigt werden, wenn ein*e Beamt*in in Ausführung einer Amtshandlung mit ihrem Erscheinungsbild eine religiöse oder weltanschauliche Überzeugung zum Ausdruck bringt.

Kopftuch- und Kippaverbot?

Islamverbände und Linken-Politiker*innen kritisieren die Gesetzesänderung als Kopftuchverbot. Im Unterschied zu beispielsweise einer Kette mit einem Kreuz kann das Kopftuch nicht versteckt werden. Betroffen von einem möglichen Ausschluss aus dem Beamt*innenverhältnis oder der Zugangsverwehrung zu diesem Status sind somit vor allem muslimische Frauen und Kippa tragende Juden. Warum diese im Wortsinne bemerkenswerte Novelle die Zustimmung der AfD fand? Die Legislative hat ein Kunststück vollbracht: Um verfassungsfeindliche (im konkreten Fall: rechtsextreme) Bestrebungen in der Beamt*innenschaft zu bekämpfen, hat man die Diversität in der Beamt*innenschaft beschnitten.

Darüber hinaus kann man sich fragen, wie die in der Gesetzesänderung zur Begründung herangezogene Neutralitätspflicht des Staates und seiner Amtsträger*innen zum bayerischen »Kreuzerlass« passt. Paragraph 28 der Allgemeinen Geschäftsordnung für die Behörden des Freistaats Bayern besagt, dass im Eingangsbereich jedes Dienstgebäudes sichtbar ein Kreuz angebracht werden muss. Zugespitzt formuliert: Das sichtbare Bekenntnis zum christlichen Glauben in Gebäuden des Freistaates Bayern wird verordnet; als deutsche Beamt*innen dürfen die dort tätigen Menschen aber ihren je eigenen Glauben nicht bekennen. Folgt man einem Urteil des Europäischen Gerichtshofs vom 15. Juli 2021, so ist eine solche Neutralitätspflicht aber total, das heißt, sie muss »konsequent und systematisch befolgt« werden. Im konkreten Fall wurde nicht einmal über das Kopftuch einer Amtsträger*in verhandelt. Vielmehr handelte es sich um die Kopftücher einer Drogeriemitarbeiterin und einer Kita-Erzieherin: Verfolge man mit Blick auf die Bekleidung am Arbeitsplatz, in diesem Fall eine Drogerie und eine Kindertagesstätte, konsequent eine Neutralitätspolitik, so dürften überhaupt keine sichtbaren Bekundungen politischer, weltanschaulicher oder religiöser Überzeugungen erlaubt sein.

Rechtsstaat wehrhaft genug gegen Verfassungsfeinde

Hätte es der diversitätsfeindlichen Gesetzesänderung bedurft? Das Urteil des Landesarbeitsgerichts Berlin-Brandenburg, das die Entlassung des Brandenburger Sportlehrers erlaubt, wurde vor dem Inkrafttreten der Novelle gefällt. Demnach konnten Rechtsextremist*innen, die ihre Gesinnung in Form ihrer Körperdekorierung zur Schau stellen, auch ohne die Änderung aus dem Staatsdienst entfernt werden. Verletzen Beamt*innen, die mit der Ausübung der Staatsgewalt betraut werden, nämlich ihre Verfassungstreuepflicht, kann dies als Dienstpflichtverletzung Disziplinarmaßnahmen – wie die Entfernung aus dem Beamt*innenverhältnis – zur Folge haben. Rechte Tätowierungen können so in der Gesamtwürdigung des Verhaltens der betroffenen Person das dauerhafte Bekenntnis zur Abkehr von der Verfassungsordnung darstellen.

Verfahren: Europäischer Gerichtshof, Urteil vom 15. Juli 2021, Aktenzeichen C-804/18 und C-341/19; Landesarbeitsgericht Berlin-Brandenburg, Urteil vom 11. Mai 2021, Aktenzeichen 8 Sa 1655/20; Landgericht Neuruppin, Urteil vom 3. Mai 2021, Aktenzeichen 14 Ns 102/20; Dienstgerichtshof für Richter beim Oberlandesgericht Stuttgart, Urteil vom 18. März 2021, Aktenzeichen DGH 2/19; Landesarbeitsgericht Berlin-Brandenburg, Urteil vom 11. Dezember 2019, Aktenzeichen 15 Sa 1496/19; Arbeitsgericht Neuruppin, Urteil vom 13. Juni 2019, Aktenzeichen 4 Ca 162/19; Bundesverwaltungsgericht, Urteil vom 17. November 2017, Aktenzeichen 2 C 25/17; Oberverwaltungsgericht Berlin-Brandenburg, Urteil vom 4. Mai 2017, Aktenzeichen OVG 80 D 6.13; Ver-waltungsgericht Berlin, Urteil vom 9. April 2013, Aktenzeichen VG 80 K 22.12 OL.

Literatur: Nils Kohlmeier/Tore Vetter, Rassistische Beamt*innen – Und wie der Staat sie wieder loswird, in: Recht gegen rechts, Report 2020, Frankfurt am Main 2020, S. 181 – 187.

Düsseldorfs Polizei straft Whistleblowerin ab

Rechte Polizei-Chats haben selten Konsequenzen

von Laura Wisser

Im Jahr 2020 gelangten jeden Monat Berichte über rechtsextreme Vorfälle in verschiedenen Polizeibehörden an die Öffentlichkeit. Die Spanne des Verhaltens, das unter diesen Schlagworten verhandelt wird, reicht von rassistischen Äußerungen oder Verherrlichung des Holocaust bis hin zum Bunkern von massenhaft entwendeter Behördenmunition. Auf das Bekanntwerden der Vorfälle folgten ein ums andere Mal dieselben Reaktionen seitens der Behörden: Die Behördenleiter*innen oder Pressesprecher*innen gaben betont empört und erschrocken bekannt, dass Verfassungsfeindlichkeit keinen Platz in der Polizei habe, dass man gegen die fraglichen Beamt*innen disziplinarrechtliche Schritte einleiten und die Sache lückenlos aufklären werde. Bis in den Herbst 2020 bekräftigten die Sprecher*innen jedes Mal, dass es sich bei den Vorkommnissen keinesfalls um ein strukturelles Problem handle. Dieses Narrativ der Einzelfälle, das sämtliche Sicherheitsbehörden und Innenministerien bedienten, geriet im September 2020 ins Wanken: Nachdem aufgedeckt wurde, dass etwa 30 nordrhein-westfälische Polizist*innen in einer Chatgruppe rassistische und rechtsextreme Nachrichten ausgetauscht hatten, räumte der Landesinnenminister Herbert Reul (CDU) ein, dass man nicht mehr von Einzelfällen sprechen könne. Reul kündigte weitreichende Maßnahmen an. Gegen mindestens 29 Polizist*innen wurden umgehend Disziplinarverfahren, gegen einige andere Strafverfahren wegen Volksverhetzung oder Beleidigung eingeleitet. Im besonders betroffenen Mülheim an der Ruhr wurde eine Sonderkommission eingesetzt, die die Vorfälle untersuchen sollte. Sämtliche Führungskräfte wurden zusammengerufen, um gemeinsam die Situation auf den Revieren zu evaluieren und Möglichkeiten des Umgangs mit dieser Art von Vorfällen zu entwickeln. Für einen kurzen Moment sah es fast so aus, als würden die deutschen Sicherheitsbehörden ernsthaft und nachhaltig gegen rechtsextreme Strukturen vorgehen. Fast ein Jahr später jedoch ist klar: Die Reihe von rechtsextremen Vorfällen in den Polizeien ist nicht abgerissen. Und ob sich im Umgang mit auffällig gewordenen Polizist*innen wirklich etwas zum Positiven verändert hat, bleibt fraglich.

Don't shoot the messenger

Der Fall einer jungen Polizeianwärterin aus Düsseldorf deutet darauf hin, dass die Strategien der Behörden im Umgang mit rechtsextremen Netzwerken zwischen punktuellem Eifer und weitgehender Ignoranz changieren: Sensibilisiert durch das Bekanntwerden der Chatgruppen in Nordrhein-Westfalen und die darauffolgenden Mitarbeitergespräche, hatte sich die 21-jährige Kommissaranwärterin einige Gruppenchats mit anderen Kommisaranwärter*innen noch mal genau angeschaut. Dabei waren ihr einige Nachrichten und Bilder mit rassistischen und antisemitischen Inhalten aufgefallen, worauf sie sich an ihren Vorgesetzten wandte, um dessen Einschätzung einzuholen. Weil sie dabei aber offenlegte, dass sie selbst monatelang die Bilder auf ihrem Handy gespeichert hatte, ohne sich davon zu distanzieren, wurde sie suspendiert, ihr drohte die Entlassung.

Das Verwaltungsgericht Düsseldorf bestätigte die Disziplinarmaßnahmen gegen sie im Dezember 2020 in erster Instanz. Sie vertrete Werte, die mit der demokratischen Grundordnung unvereinbar seien und sei deshalb charakterlich für den Polizeidienst ungeeignet. Die zweite Instanz erklärte die Suspendierung jedoch für rechtswidrig. Zwar seien die auf dem Handy gespeicherten Bilder teilweise antisemitisch oder rassistisch, und Personen, die Derartiges teilten oder affirmativ kommentierten, seien nicht für den Polizeidienst geeignet. Die Klägerin habe die Bilder aber weder weitergeschickt noch kommentiert. Stattdessen sei sie, zwar spät, aber immerhin von sich aus, an ihren Vorgesetzten herangetreten. Das Oberverwaltungsgericht Nordrhein-Westfalen befand, dass es glaubwürdig sei, dass sie die fraglichen Nachrichten mit rechtsextremen Botschaften angesichts der enormen Menge von gespeicherten Daten auf ihrem Handy – 337 525 Nachrichten in 790 Chats und 172 214 Bilddateien – nicht direkt bemerkt und als rassistisch oder antisemitisch wahrgenommen habe.

Was auf den ersten Blick vielleicht als engagiertes Vorgehen der Behörde gegen rechtsextreme Strukturen und daher begrüßenswert erscheinen mag, ist tatsächlich aber eher als Statuierung eines Exempels und als Ablenkungsmanöver zu werten. Denn während die Polizistin, die die Bilder gemeldet hatte, direkt suspendiert worden war und entlassen werden sollte, hatte das Polizeipräsidium gegen die anderen Kommissaranwärter*innen in der Gruppe erst sehr viel später Disziplinarmaßnahmen eingeleitet. Unterm Strich dürfte diese Art von Aktionismus der

Behörde sogar kontraproduktiv sein, denn ermutigend ist der Fall der Klägerin für andere Polizist*innen, die Rassismus und Rechtsextremismus in den eigenen Reihen anzeigen wollen, sicherlich nicht.

»Kernanliegen« der Innenministerien?

Auch auf der Ebene der Ministerien zeugt das Vorgehen des Staates nicht gerade von Engagement oder planvoller Strategie; das zeigt etwa der Bericht »Disziplinarrechtliche Konsequenzen bei extremistischen Bestrebungen«, den das Bundesinnenministerium (BMI) nach dem rechtsextremen Anschlag in Halle im Juni 2020 der Innenministerkonferenz vorgelegt hat. Der Bericht beginnt in altbekannter Hufeisenlogik mit der Beteuerung, dass »die Bekämpfung des Extremismus im öffentlichen Dienst, ganz gleich ob Rechts- oder Linksextremismus, [...] ein Kernanliegen der Innenminister und -senatoren aus Bund und Ländern« sei. Ein solcher Satz ist zu einem Zeitpunkt, an dem allein in den zwölf zurückliegenden Monaten mindestens zwölf Menschen in Deutschland aus rechtsextremen Motiven ermordet worden waren und ein rechtsextremes Netzwerk nach dem anderen in den Sicherheitsbehörden aufgeflogen war, im besten Fall als Ignoranz, im schlimmsten Fall als Hohn zu bewerten.

Und auch der Rest des Berichtes stimmt wenig hoffnungsvoll. Was eine »Bestandsaufnahme der Anwendung des Disziplinarrechts in Bund und Ländern beim Vorliegen extremistischer Bestrebungen« sein will, ist vor allem eine Darstellung der Rechtslage. Keine einzige Anwendung des Disziplinarrechts wird in dem gesamten Bericht aufgeführt, lediglich die rechtlichen Möglichkeiten dazu erörtert. Dass die Innenministerien die Rechtslage in einem Bereich darlegen müssen, den sie auf der ersten Seite des Berichts noch als »Kernanliegen« charakterisiert haben, ist erschreckend.

Zahlen zu stattgefundenen Disziplinarverfahren oder Verdachtsfällen sucht man in dem Bericht vergebens. Das legt nahe, dass die Landesbehörden entweder keine Aussagen dazu machen können, wie es um die Anwendung des Disziplinarrechts de facto steht, weil sie keine Zahlen erheben, oder dass sie die Informationen nicht veröffentlichen wollen. Keine dieser Möglichkeiten deutet auf ein entschiedenes und kompetentes Vorgehen oder ein Interesse an Transparenz hin. Den Abschluss des Berichts bilden Handlungsempfehlungen bezüglich der Auswahl und Ausbildung von Beamt*innen und dem Umgang mit rechtsextremen Beamt*innen, die wiederum kaum mehr sagen, als dass das geltende Recht anzuwenden ist und Polizist*innen über ihre Pflichten aus- und fortgebildet werden müssen.

Blockade

Auch abseits dieses Berichts ist es schwierig, an Informationen darüber zu gelangen, ob und inwieweit die Möglichkeiten, die das Disziplinarrecht bereitstellt, genutzt werden und wo etwaige Probleme oder Hürden liegen. Denn die Innenministerien geben diesbezüglich, wenn überhaupt, nur bruchstückhaft Daten an Öffentlichkeit und Wissenschaft weiter. Auf eine Forschungsanfrage bei sämtlichen Landesinnenministerien mit Ausnahme von Berlin, wie in aus den Medien bekannten Fällen und auch ganz grundsätzlich bei rechtsextrem motiviertem Verhalten von Polizist*innen vorgegangen wurde, wie viele Verfahren seit 2015 eingeleitet wurden und mit welchen Ergebnissen sie endeten, antworteten nur wenige Landesinnenministerien ausführlich.

Es sei zu viel Aufwand, die Akten zu sichten, der Datenschutz stünde im Weg (obwohl ausdrücklich keine personenbezogenen Daten abgefragt wurden), »ermittlungstaktische Gründe« sprächen gegen eine Beantwortung der Frage, ob nach einem konkreten Vorfall die Entfernung aus dem Dienst erfolgt sei. In einem Fall wurde unverblümt angegeben, dass die angefragten Informationen niemanden etwas angingen, auch nicht die Wissenschaft. Diese Blockadehaltung gegenüber der Öffentlichkeit und der Wissenschaft ist hochproblematisch. Bürger*innen haben ein Recht darauf, zu erfahren, was der Staat macht, wie er es macht und wer für ihn handelt. Wenn sich an dieser Haltung nach und nach etwas ändert, ist das insbesondere der unermüdlichen Arbeit einiger Journalist*innen zu verdanken, die nicht zulassen, dass das Thema immer wieder in der Versenkung verschwindet.

Optimist*innen können vielleicht aus der im Juni 2021 angeordneten Auflösung und Neuordnung der Sondereinsatzkräfte in Frankfurt am Main Hoffnung schöpfen. Zwar ist es unwahrscheinlich, dass dadurch alle Probleme gelöst werden – allein deshalb, weil der mit der Neustrukturierung beauftragte Polizeipräsident von Westhessen wohl kaum ausreichende Distanz zum SEK in Frankfurt hat. Aber immerhin könnten Auflösung und Neuaufbau zumindest auf struktureller Ebene wirken.

Verfahren: Verwaltungsgericht Düsseldorf, Beschluss vom 15. Dezember 2020, Aktenzeichen 2 L 2370/20; Oberverwaltungsgericht für das Land Nordrhein-Westfalen, Beschluss vom 25. März 2021, Aktenzeichen 6 B 2055/20; Bericht des Bundesministeriums des Inneren, für Bau und Heimat, Disziplinarrechtliche Konsequenzen bei extremistischen Bestrebungen vom 10. Juni 2020, abrufbar unter www.bmi.bund.de.

Literatur: Dirk Laabs, Staatsfeinde in Uniform: Wie die militante Rechte unsere Institutionen unterwandert, Berlin 2021; Aiko Kempen, Auf dem rechten Weg?: Rassisten und Neonazis in der deutschen Polizei, München 2021; Laura Wisser, Blockieren, Aufschieben, Ignorieren: Disziplinarmaßnahmen gegen rechtsextreme Polizist*innen, in: Bürgerrechte & Polizei/CILIP (124) 3/2020, S. 31ff.

Strategische Klagen von rechts

Seehofer verliert gegen die AfD in Karlsruhe

von Markus Sehl und Claudia Kornmeier

Juni 2020. Das Bundesverfassungsgericht bescheinigt Horst See-hofer, gegen die Verfassung verstoßen zu haben. Der Bundesin-nenminister hatte auf der Homepage seines Hauses ein Inter-view veröffentlicht, das die Deutsche Presse-Agentur mit ihm geführt hatte. Darin kritisierte er die AfD als »staatszersetzend«. Das Urteil lässt sich auf die Kurzformel bringen: Die Kritik war in Ordnung, die Veröffentlichung auf der Internetseite des Minis-teriums nicht. Denn mit Letzterem hatte Seehofer die Autorität seines Amts und die damit verbundenen Mittel genutzt, um zu Lasten der AfD am politischen Meinungskampf teilzunehmen – und damit das Recht der AfD auf Chancengleichheit verletzt. Das Verfahren ist ein Beispiel, wie die AfD das Instrument der strategischen Prozessführung mittlerweile vor Gericht nutzt, um auf diese Weise die Staatsorgane juristisch vorzuführen.

Denn das Urteil war vorhersehbar. Es steht in einer Reihe ähnlicher Entscheidungen des Bundesverfassungsgerichts. 2014 hatte die Bundesfamilienministerin Manuela Schwesig wegen Äußerungen zur NPD vor Gericht gestanden, 2015 war es die Bundesbildungsministerin Johanna Wanka mit ihrer »roten

Karte« für die AfD. Was Regierungsvertreter*innen bei parteipolitischen Äußerungen beachten müssen, hatte das Bundesverfassungsgericht also längst ausbuchstabiert. Sprich: Seehofer und sein Ministerium hätten es besser wissen müssen. Der Fehler wäre vermeidbar gewesen.

Vermeidbar gewesen wäre auch die mündliche Verhandlung in Karlsruhe. Über die Klage der AfD hätte schriftlich entschieden werden können, die öffentliche Aufmerksamkeit wäre ungleich kleiner gewesen. Auf die Frage, warum man nicht auf eine mündliche Verhandlung verzichtet habe, geriet der Vertreter des Bundesinnenministeriums ins Stocken: »Ich weiß nicht, ich glaube, es ist auch eine Tradition und Praxis, ich muss sagen, so oft war ich auch noch nicht hier«, sagte Günter Krings nach der Urteilsverkündung in Karlsruhe. Der CDU-Politiker war selbst einmal als möglicher Verfassungsrichter gehandelt worden. Er hätte wissen müssen, dass die Beteiligten durchaus auf eine Verhandlung hätten verzichten können. Stattdessen schob er noch nach: »Außerdem ist es immer wieder nett, nach Karlsruhe zu kommen.«

Nein, es ist nicht »immer wieder nett, nach Karlsruhe zu kommen«. Es ist nicht nett, von der AfD auf der großen Bühne in Karlsruhe verklagt zu werden – und das auch noch vorhersehbar zu Recht. Auf Dauer kann das sogar gefährlich werden.

Lange Liste strategischer Klagen

Juristische Erfolge wie den gegen Seehofers Innenministerium münzt die AfD in politische Punktsiege um. Erfolge vor den Gerichten dienen ihr als vermeintliche Belege dafür, dass es sich »Altparteien« und »Eliten« mit Privilegien gemütlich gemacht haben. Erfolge auf dem Terrain des Rechts – insbesondere vor dem Bundesverfassungsgericht – tragen auch für Nichtjurist*innen das Siegel »besonders wertvoll«. Die Botschaft ist quasi unumstößlich: Die anderen haben etwas falsch gemacht. Auch komplexe Urteile lassen sich auf eine knappe Botschaft verkürzen, die klar kommunizierbar ist und endgültig zu sein scheint: Wer hat gewonnen und wer verloren. Die AfD hat das Recht längst für ihren politischen Kampf entdeckt. Die Liste strategischer Klagen von rechts ist lang. Und sie wächst stetig.

Das Debakel um die gekürzten AfD-Wahllisten in Sachsen führte 2019 zu einem Erfolg der AfD vor dem Verfassungsgerichtshof des Landes. Das handwerklich schlecht gemachte Paritätsgesetz in Thüringen kippte die Partei 2020 effektvoll vor dem Landesverfassungsgericht. Die Erfindung einer neuen Kategorie »Prüffall« durch das Bundesamt für Verfassungsschutz trug der AfD Anfang 2019 einen Punktsieg vor dem Verwaltungsgericht Köln ein. Weitere für die AfD aussichtsreiche Verfahren liegen in Karlsruhe. So war der Partei in einer nächtlichen Sitzung des Bundestags kurz vor der Sommerpause 2019 ein sogenannter Hammelsprung versagt worden, um die Beschlussfähigkeit des Parlaments zu überprüfen – obwohl ganz offensichtlich zu wenige Abgeordnete im Saal waren. Der Vorsitzende des Rechtsausschusses im Bundestag, der AfD-Politiker Stephan Brandner, wurde wegen unerträglicher Äußerungen abgesetzt – ohne dass es für diesen Schritt eine Regelung gegeben hätte. Eine Situation, vor der Verfassungsrechtler*innen frühzeitig gewarnt hatten. Die AfD-Fraktion hat dagegen in Karlsruhe eine Organklage angestrengt.

Die Fehler reichen von der Regierung über Behörden bis hin zum Parlamentsbetrieb – und sie werden juristisch bestraft.

Karlsruher Bühne

Getroffen haben sich in Karlsruhe nicht nur das Gericht, die AfD und Seehofers Bundesinnenministerium. Die Besucherplätze sind gut gefüllt und auch auf der Pressetribüne ist es voll. All diese Zuschauer*innen werden davon berichten, was sie in Karlsruhe erlebt haben, wer hier den Ton angegeben und wer sich hat vorführen lassen. Und obwohl nicht viel Neues verhandelt wird, wird es die AfD damit in die Nachrichten schaffen.

Das Bundesverfassungsgericht ist ein Ort, an dem es förmlich zugeht. Das hohe Ansehen des Karlsruher Gerichts ist regelmäßig auch in dem lichtdurchfluteten Verhandlungssaal spürbar. Vor allem in dem Moment, in dem die Prozessvertreter*innen aufgerufen werden, an das Rednerpult zu treten. Auch renommierten Professor*innen ist vor dem höchsten deutschen Gericht nicht selten eine gewisse Nervosität anzumerken. Drohungen gehören nicht zu den Dingen, die die Richter*innen in Karlsruhe zu hören bekommen.

An diesem Tag Anfang Februar 2020 kommt es anders. »Auch meine Mandantin wird früher oder später einmal den Bundesinnenminister stellen«, vielleicht schon in fünf Jahren, poltert Ulrich Vosgerau, der Prozessbevollmächtigte der AfD. Und womöglich, so Vosgerau, werde sich ein AfD-Innenminister dann »noch kreativer« im Umgang mit der Opposition erweisen als Horst Seehofer. Vosgerau schert sich auch nicht um jahrzehntealte Konventionen am Bundesverfassungsgericht. Aufstehen, um die Frage eines Richters zu beantworten? Dazu muss man ihn schon auffordern. Überhaupt: respektvolles Auftreten? Vosgerau schreit lieber, verdreht Tatsachen, macht haltlose Vorwürfe. Die Richter*innen erscheinen einigermaßen hilflos. Nur Peter Müller, einst selbst Berufspolitiker, schreitet ab und an ein.

Eine mündliche Verhandlung vor den Richter*innen in Karlsruhe ist alles andere als eine Selbstverständlichkeit, sie ist sogar äußerst selten, nur eine Handvoll Termine finden pro Jahr statt. Allerdings: Das Gericht ist in einem zulässigen, nicht offensichtlich unbegründeten Organstreitverfahren – also etwa wie hier der Klage einer Partei gegen ein Bundesministerium – verpflichtet, mündlich zu verhandeln. Es sei denn, alle Beteiligten verzichten auf die mündliche Verhandlung. Wäre über die Klage der AfD schriftlich entschieden worden, wäre die öffentliche Aufmerksamkeit ungleich kleiner gewesen.

Die AfD konnte in der mündlichen Verhandlung behaupten, sie hätte selbstverständlich sofort auf die Verhandlung verzichtet. Es hatte sie vorher nämlich niemand gefragt. Das Bundesverfassungsgericht hätte die Bundesregierung und die AfD aber ausdrücklich fragen können, ob sie auf eine mündliche Verhandlung verzichten wollen. Statt zu Beginn der mündlichen Verhandlung die Bedeutung des Falls herunterzuspielen.

Auch die Urteilsverkündung fällt knapp aus und beginnt mit einem Verweis auf die bereits existierende Rechtsprechung. Das Urteil »ist das dritte in einer Reihe neuerer Urteile des Bundesverfassungsgerichts zu den Äußerungsrechten von Mitgliedern der Bundesregierung«, sagt Gerichtspräsident Andreas Voßkuhle bei der Urteilsverkündung.

Und dennoch: Ein viertes könnte folgen.

Als im Februar 2020 der FDP-Politiker Thomas Kemmerich mit den Stimmen der AfD zum thüringischen Ministerpräsidenten gewählt wird, kritisiert Bundeskanzlerin Angela Merkel das als »unverzeihlich«. Das Ergebnis dieses Vorgangs müsse rückgängig gemacht werden. Die Statements landen auch auf der Homepage der Bundeskanzlerin. Und auch gegen diese Äußerung wehrt sich die AfD mit einer Klage in Karlsruhe.

Von den Erfahrungen der AfD werden andere lernen

Die strategische Prozessführung bedeutet für die AfD ganz konkret: Statt dass über die Qualität ihrer Parlamentsarbeit diskutiert wird, soll der Eindruck entstehen, der Partei würden im Bundestag Rechte und Posten vorenthalten. Statt darüber zu sprechen, warum die Partei »staatszersetzend« ist, soll ihre Benachteiligung in Erinnerung bleiben.

Auch auf ihre vielleicht größte Bedrohung antwortet die Partei mit dem Verfassungsrecht: Der Beobachtung durch den Verfassungsschutz stellt die AfD die Kampagne »Zurück zur Verfassung« entgegen. Die Botschaft: Die Partei selbst ist verfassungstreu, der Verfassungsschutz dagegen vom politischen Gegner instrumentalisiert und rechtsbrüchig. Verfassungsfeinde, das sind immer die anderen. Als die Beobachtung durch den Verfassungsschutz Anfang 2021 unausweichlich wird, reagiert die Partei mit Klagen und Eilverfahren und gewinnt so kostbare Zeit bis zur Bundestagswahl im Herbst.

Politisch mag sich die AfD in Flügelkämpfen verlieren, ihr mag der Zerfall drohen und die Zustimmung bundesweit verloren gehen. Wie auch immer es mit der Partei weitergehen wird, sie hat mit Unterstützung ihrer Wählerschaft einen juristischen Kampf angetreten, den andere gegenwärtige und auch zukünftige populistische, institutionen- und elitenskeptische Strömungen wieder für ihre Zwecke aufgreifen und aus den Erfahrungen und Erfolgen der AfD Lehren werden ziehen können.

Verfahren: Bundesverfassungsgericht, Urteil vom 9. Juni 2020, Aktenzeichen 2 BvE 1/19.

Literatur: Martina Herzog/Anne-Beatrice Clasmann/Christoph Trost, Seehofer versteht die Aufregung nicht: Die GroKo arbeitet »störungsfrei«, dpa vom 14. September 2018; Paul Middelhoff/Markus Sehl, Die Rechtshaber, Die Zeit vom 4. Juni 2020; Steven Levitsky/Daniel Ziblatt, How Democracies Die, London 2018.

RASSISMUS

»Ugah Ugah« ist menschenverachtend

Bundesverfassungsgericht entscheidet
zu Rassismus im Arbeitsrecht

von Anna Katharina Mangold

In einer hitzigen Betriebsratssitzung rief ein Betriebsrat einem Schwarzen Kollegen die Affenlaute »Ugah Ugah« zu. Diese Äußerung war nur ein Grund unter mehreren, warum dem Betriebsrat außerordentlich gekündigt wurde, der sich anschließend gegen die Kündigung wehrte. Er führte an, bei »Ugah Ugah« handele sich lediglich um den Titel des Kinderspiels einer Spielefirma, zudem sei die Bezeichnung eines Menschen als »Affe« nicht ausnahmslos rassistisch. Seine Äußerung sei nicht als rassistisch anzusehen, denn er sei kein Rassist und müsse sich deswegen auch nicht wegen der Äußerung entschuldigen.

In dem darauffolgenden Kündigungsprozess befanden die Arbeitsgerichte aller Instanzen den Zuruf als rassistisch und menschenverachtend. Konkret führte das Landesarbeitsgericht Köln aus, dass es auf die anderen Kündigungsgründe gar nicht mehr ankomme, weil schon die rassistische Äußerung in der Betriebsratssitzung für sich genommen einen absoluten Kündigungsgrund darstelle. Bei einem absoluten Kündigungsgrund bedarf es keiner Prüfung und Abwägung im Einzelfall, sondern eine fristlose Kündigung ist unmittelbar gerechtfertigt. Das Landesarbeitsgericht bezog sich auf Kommunikationstheorien und analysierte detailliert wie folgt:

>»Auf der Sachebene: ›Ich sehe in dir einen Primaten, der sich nahezu kommunikationsunfähig auf dem geistigen Niveau eines zweijährigen Kindes bewegt.‹
Auf der Appellebene: ›Hör auf zu reden und tue nicht so, als könntest du denken!‹
Auf der Selbstoffenbarungsebene: ›Die Hautfarbe eines Mitmenschen ist für mich ein grundsätzlicher und bestimmender Faktor menschlicher Fähigkeiten und Eigenschaften, ich lasse mich also von rassistischen Gedanken leiten.‹
Auf der Beziehungsebene: ›Ich verachte dich. Die mir gleichen Menschen sind hochwertig, die dir gleichen Menschen sind geringwertig.‹«

Nachdem das Bundesarbeitsgericht die Bewertung des Landesarbeitsgerichts bestätigt hatte, wandte sich der Gekündigte an das Bundesverfassungsgericht. Er berief sich auf seine Meinungsfreiheit und brachte vor, die Arbeitsgerichte dürften ihm keine rassistische Grundeinstellung vorwerfen und ihn nicht als Rassisten betiteln. In einem bemerkenswerten Nichtannahmebeschluss bestätigte eine Kammer des Bundesverfassungsgerichts die Bewertung der Arbeitsgerichte aus verfassungsrechtlicher Perspektive. Zwar verlange das Grundrecht auf Meinungsfreiheit in der Regel eine abwägende Gewichtung einer Ehrverletzung und der Beschränkung der Meinungsfreiheit. Ausnahmsweise bedürfe es dann keiner solchen Einzelfallabwägung, wenn es sich um Äußerungen handelt, welche die Menschenwürde anderer antasten. Verletze eine Äußerung gar die als unantastbar geschützte Menschenwürde, so müsse die Meinungsfreiheit stets zurücktreten, da die Menschenwürde mit keinem Einzelgrundrecht abwägungsfähig sei. Die Menschenwürde sei immer verletzt, wenn eine Person nicht als Mensch, sondern als Affe adressiert werde. Eine solche Äußerung verletze zudem das Verbot rassistischer Diskriminierung, welches das Recht auf Anerkennung als Gleiche unabhängig von der »Rasse« schütze. Das Bundesverfassungsgericht verschaffte dem Nichtannahmebeschluss der Kammer öffentliche Aufmerksamkeit, indem es eine Pressemitteilung herausgab, was regelmäßig bedeutet, dass das Gericht die Entscheidung über den Einzelfall hinaus für bedeutsam erachtet.

Rassistische Entscheidungsbesprechung

So weit, so gut, könnte man nun denken. Doch das hieße, die Rechnung ohne die Wirtin zu machen. Wirtin war hier die im Verlag C. H. Beck erscheinende Neue Zeitschrift für Arbeitsrecht (NZA), unbestritten eine besonders wichtige Zeitschrift im Arbeitsrecht, zumal der Beck-Verlag nahezu eine Monopolstellung im Bereich juristischer Literatur hat. In der NZA nun veröffentlichte der viel publizierende Anwalt Rüdiger Zuck eine Besprechung des Nichtannahmebeschlusses. Der Anwalt Zuck hat sehr oft in Verfassungsbeschwerden die Vertretung übernommen und ist Herausgeber eines Standardkommentars zum Bundesverfassungsgerichtsgesetz aus dem Verlag C. H. Beck.

In seiner Besprechung wandte sich Zuck gegen die Auffassung des Bundesverfassungsgerichts, eine rassistische Äußerung wie »Ugah Ugah« sei stets menschenwürdeverletzend und könne daher ohne Einzelfallabwägung geahndet werden. Zuck wirft dem Bundesverfassungsgericht vor, sich dem Mainstream anzubiedern. Zwar, so Zuck, sei die Äußerung und die Bezeichnung als

Affe eine »Kränkung«. Die Äußerung »Ugah Ugah« entstamme jedoch dem Brettspiel desselben Namens und bezeichne die Laute von Steinzeitmenschen. Deswegen sei die Äußerung auch nicht rassistisch. Um diese seine Rechtsauffassung zu begründen, verwendet Zuck ein für sich sprechendes Beispiel:

> »Wenn der mit einer weißen Frau verheiratete Farbige beim Frühstück für seinen Obstsalat nach weiteren Bananen ruft, und die Ehefrau darauf ›Ugah Ugah‹ sagt, dann ist das eben in diesem Zusammenhang nicht mehr als harmloser Spott.«

Zuck assoziiert also Bananen und »Farbige« – eine bekannte rassistische Abwertung dunkelhäutiger Menschen, die ja auch dem Ausgangsfall zugrunde liegt und zudem die Gleichstellung mit Affen noch einmal verstärkt.

Weil es sich um eine nichtöffentliche Betriebsratssitzung gehandelt habe, sei auch keine Diskriminierung zu konstatieren, so Zuck weiter. Die Nichtöffentlichkeit nehme »abwertenden Aussagen ihren diskriminierenden Charakter«. Wer heimlich rassistisch beleidigt, wolle dieser Auffassung nach also nicht diskriminieren. Dem liegt die Vorstellung zugrunde, dass Diskriminierung vor allem eine Herabsetzung im öffentlichen Ansehen sei. Es sei dann auch nur das allgemeine Persönlichkeitsrecht verletzt. Diese Darstellung blendet die strukturelle Dimension von Rassismus aus, ist allerdings nach wie vor sehr verbreitet in der deutschen Rechtswissenschaft und Rechtspraxis. Gerade deshalb sind die gerichtlichen Entscheidungen sowie am Ende der Nichtannahmebeschluss des Bundesverfassungsgerichts so bedeutsam: Es gibt Äußerungen, die unabhängig von der konkreten Situation und unabhängig von der Öffentlichkeit der Äußerung rassistisch und menschenverachtend sind.

Der zutiefst rassistische Grundton der Besprechung setzt sich fort, wenn Zuck schreibt: »Aber Rasse hin oder her, das Andersartige wird uns erhalten bleiben, und nicht nur bei fremden Kulturen und unterschiedlichen Religionen. Wir stören uns weiterhin an anderen Körpermerkmalen wie etwa an wulstigen Lippen bei Afrikanern oder die den Chinesen zugeordneten Schlitzaugen. ... Es wird auch lange dauern, bis wir alle unsere Kinderbücher von N***** gereinigt haben.« (N-Wort hier nicht wiedergegeben)

Rechtswissenschaft gegen rechts: Öffentlichmachen statt Beschweigen

Es war die Rechtswissenschaftlerin Alicia Köppen, die über Twitter (@maliciamercedes) am 11. Februar 2021 auf diese skandalöse Besprechung aufmerksam machte, die gänzlich unbeanstandet durch den editorischen Prozess der NZA gelangt war. Innerhalb kürzester Zeit kritisierten viele die Entscheidung der NZA und des Verlages C. H. Beck, diesen Beitrag in der wiedergegebenen Form zu veröffentlichen. Der Deutsche Anwaltverein etwa, dem Zuck selbst jahrzehntelang in führenden Rollen angehört hatte, distanzierte sich noch am selben Tag auf Twitter und zeigte sich »entsetzt über d[ie] Veröffentlichung des von rassistischen Aussagen durchzogenen Textes«: »Für solche ›Argumente‹ darf in der Rechtswissenschaft kein Platz sein. Auf Wiedergabe der menschenverachtenden Wortwahl wird hier verzichtet.« Der Verlag C. H. Beck äußerte sich in einer ersten Stellungnahme auf der NZA-Website am selben Tag dahingehend, es handele sich um die »persönliche Auffassung des Autors«. Als juristische Fachzeitschrift sei die NZA der »Wissenschaftlichkeit und Meinungspluralität verpflichtet«. Ein breites

Bündnis aus rechtswissenschaftlich und rechtspraktisch Arbeitenden hat am darauffolgenden Tag einen Offenen Brief auf dem Verfassungsblog veröffentlicht.

Aufgrund der massiven Kritik änderte der Verlag sodann seine Stellungnahme und formulierte sie deutlich schärfer und eindeutiger. Auf der NZA-Website stand: »Leider wurde unsere erste Stellungnahme auf der NZA Homepage so verstanden, als wollten wir unseren Fehler relativieren. Wir wollten aber gerade nicht sagen, der Kommentar von Zuck stehe auf dem Boden von Wissenschaftlichkeit und Meinungsfreiheit. Das Gegenteil ist der Fall. Wir haben es nicht rechtzeitig erkannt.«

Angesprochen ist damit das Problem, wie angemessen mit derartigen rassistischen Entgleisungen umzugehen sei. Sie werden wiederholt, wenn sie – wie in diesem Text – wiedergegeben werden; sie können so das geschehene Unrecht noch vertiefen. Allerdings muss der rassistische Gehalt analysierbar, und das heißt auch: benennbar, bleiben. Der anstößige Text von Zuck wurde nur 48 Stunden nach seiner Veröffentlichung von der Webseite des Verlags C.H. Beck genommen und ist heute nicht mehr abrufbar. Die Ausgabe der Zeitschrift wurde neu gedruckt, ohne den Beitrag Zucks. Nun ist es richtig, dass solche Texte nicht unwidersprochen bleiben dürfen. Ist es jedoch richtig, sie gänzlich zu tilgen? Diese Frage ist von Bibliotheken zu beantworten, die entscheiden müssen, ob sie rassistische Werke aus der NS-Zeit, dem US-amerikanischen Versklavungsrecht oder dem südafrikanischen Apartheidsrecht zugänglich für Forschung halten oder in Giftschränken verschließen.

Verfahren: Bundesverfassungsgericht (K), Nichtannahmebeschluss vom 2. November 2020, Aktenzeichen 1 BvR 2727/19; Bundesarbeitsgericht, Beschluss vom 23. Oktober 2019, Aktenzeichen 2 AZN 824/19; Landesarbeitsgericht Köln, Urteil vom 6. 6. 2019, Aktenzeichen 4 Sa 18/19; Arbeitsgericht Köln, Urteil vom 9. 11. 2018, Aktenzeichen 18 Ca 7824/17.

Literatur: Valentina Chiofalo/Carolin Stix, Einzelfall oder strukturelles Problem? Zur Verwobenheit von Recht und Rassismus, in: Zeitschrift des Deutschen Juristinnenbundes (djbZ) 1/2021, S. 45–46; Kollektiv gegen Rassismus in der Rechtswissenschaft, Rassismus ist nicht »Meinungsvielfalt«!, Verfassungsblog vom 12. Februar 2021, abrufbar unter www.verfassungsblog.de; Rüdiger Zuck, Ist Ugah Ugah eine rassistische Äußerung?, in: Neue Zeitschrift für Arbeitsrecht (NZA) 3/2021, S. 166–169.

Nach Kolonialherrenart

Wie die Bundesregierung Entschädigungsansprüche
der Herero und Nama abwiegelt

von Matthias Goldmann

Am 24. September 2020 wies das US-Berufungsgericht für den
Zweiten Bezirk in New York City eine gegen Deutschland gerichtete Klage von Vertretern der aus dem heutigen Namibia
stammenden Herero und Nama ab. Die Kläger:innen hatten
Deutschland auf Schadensersatz verklagt, weil die deutsche Ko-
lonialherrschaft nahezu ihre gesamten Ländereien konfisziert
und sie zu Zwangsarbeit verpflichtet hatte. Diese Taten hängen
eng zusammen mit dem von Deutschland in den Jahren 1904
bis 1907 verübten Genozid an den Herero und Nama, bei dem
schätzungsweise 50 000 bis 70 000 Menschen zu Tode kamen.

Entsprechende Forderungen haben Vertreter:innen der Herero und Nama seit der Unabhängigkeit Namibias im Jahr 1990
immer wieder erhoben. Abgesehen von einer persönlichen
Entschuldigung der Entwicklungshilfeministerin Heidemarie
Wieczorek-Zeul aus dem Jahr 2004 reagierte die Bundesrepublik offiziell gar nicht bis ablehnend auf diese Vorstöße. Erst die
Anerkennung des Genozids an den Armeniern durch den Bundestag im Jahr 2015 brachte die Dinge ins Rollen. Deutschland

trat mit der namibischen Regierung in Verhandlungen über Zahlungen in Anerkennung einer zumindest moralischen Schuld. Von diesen offiziellen Verhandlungen fühlten sich große Teile der betroffenen Bevölkerungsgruppen jedoch ausgeschlossen. Aufgrund innernamibischer Spannungen hatten viele Betroffene nur geringe Erwartungen an ihre Regierung. Dass ebenjene Regierung sich finanziell in einigem Umfang auf Deutschlands Budgethilfen stützt, stärkte nicht gerade das Vertrauen in die Stärke ihrer Verhandlungsposition.

In dieser Konstellation entschieden 2017 Vertreter:innen der Herero und Nama, den Klageweg vor US-Gerichten zu beschreiten. Als Vorbild diente dabei die erst durch einen Prozess in den USA erzwungene Entschädigung von Zwangsarbeiter:innen der Naziherrschaft. Man mag sich darüber streiten, ob US-Gerichte ein ideales Forum für solche Klagen sind. Allein – wohin hätten sich die Herero und Nama sonst wenden sollen? An die deutsche Gerichtsbarkeit, die noch nicht einmal den Opfern des NATO-Luftangriffs im afghanischen Kunduz Schadensersatz zuerkennt?

Doch selbst wenn man den Einwand Deutschlands, die Sache lieber selbst in die Hand nehmen zu wollen, billigt, muss einem nicht jedes Mittel recht sein, um sich in einem solchen Prozess zu verteidigen. Sofern man es mit Versöhnung ernst meint, ist jedenfalls von einer Prozessführung abzuraten, die koloniale Denkmuster offenbart und reproduziert. Genau dafür entschied sich aber die Bundesrepublik.

Damit die Klage Erfolg haben konnte, mussten die Kläger darlegen, dass Deutschland Gegenstände unter Verletzung des damals maßgeblichen Völkerrechts erworben hatte. In diesem Fall greift eine Ausnahme vom Grundsatz der Staatenimmunität, nach dem Handlungen eines Staats normalerweise nicht von den Gerichten eines anderen Staats beurteilt werden können. Bereits in der Vorinstanz wandte sich Deutschland gegen diese Ansicht mit dem Argument, das Verhalten des deutschen Reichs im damaligen Südwestafrika sei gar nicht am Völkerrecht zu messen. Es habe sich bei dem Genozid um eine rein innerdeutsche Angelegenheit gehandelt.

Wie zivilisiert ist die Zivilisation?

Deutschland machte geltend, nur »zivilisierte« Staaten hätten zum Zeitpunkt des namibischen Völkermords als souveräne Subjekte des Völkerrechts gegolten. Dieser Begriff der Zivilisation stammt aus dem Herzen der Aufklärung. Man hatte sich ja aus seiner selbst verschuldeten Unmündigkeit befreit, sah sich daher ermächtigt, Menschen in fernen, angeblich unzivilisierten Gesellschaften die Segnungen der Moderne nahezubringen. Dazu durften nach damaligem Völkerrecht ihre Länder besetzt werden, notfalls mit Gewalt. Zivilisation ist eine strenge Lehrmeisterin. Wohl kein anderer Begriff verkörpert so sehr den Eurozentrismus des 19. Jahrhunderts.

Doch was bedeutet eigentlich »Zivilisation«? Der Prozessvertreter der Bundesrepublik stützte sich an diesem Punkt einseitig auf zwei völkerrechtliche Lehrbücher von Thomas Lawrence und William Edward Hall vom Anfang des 20. Jahrhunderts. Sie bedienen sich jeweils rassistischer Klischees. Eine »Horde Wilder« (Lawrence) sei danach nicht in der Lage, Kontrolle über Territorien auszuüben, geschweige denn, sich an das Recht zu halten. Daher konnte das Deutsche Reich ihre Länder besetzen und rechtmäßige Souveränität darüber ausüben.

Hätte der Prozessvertreter der Bundesrepublik seine Nachforschungen hier nicht beendet, wäre er auf etliche Ungereimtheiten gestoßen. Nicht nur war der Genozid an den Herero und

Nama ein einziger Akt der Unzivilisiertheit, was auch Zeitgenoss:innen nicht verborgen blieb, wie Debatten im Reichstag belegen. Es war vielmehr im kolonialzeitlichen Völkerrecht fundamental umstritten, was unter einem zivilisierten Staat zu verstehen sei. Das ist nicht weiter verwunderlich, da der Zivilisationsbegriff das Selbstverständnis europäischer Staatlichkeit schlechthin betraf. Und dieses Selbstverständnis war in den sich pluralisierenden und demokratisierenden Gesellschaften des Imperialismus nun einmal im Fluss. Die Abgrenzung gegenüber »Unzivilisierten« hatte vor allem die Funktion, Klarheit über sich selbst als Staat und Gesellschaft zu gewinnen. Das wurde jedoch kompliziert, sobald man sein Vorurteil hinterfragte und sich auf nichteuropäische Gemeinschaften einließ. So verwies der französische Botschafter Edouard Engelhardt im Jahr 1888 in einer hitzigen Diskussion des Institut de Droit International, der damals einzigen Berufsvereinigung für Völkerrechtler, auf die geordneten politischen Strukturen im Königreich Dahomey. Die inkonsistente Anwendung des Zivilisationsbegriffs entlang rassistischer Abstufungen tat ein Übriges. So galt das Osmanische Reich seit dem Krimkrieg als »zivilisiert« – man wollte mit ihm ja vertragseinig werden. Dem unter allen denkbaren Gesichtspunkten nicht weniger »zivilisierten« Japan verweigerte man aber lange die volle Anerkennung, um westliche Gesandtschaften nicht der japanischen Jurisdiktion auszusetzen.

Angesichts dieser Widersprüche kam der französische Völkerrechtler Gaston Jèze bereits 1896 zu dem Ergebnis, dass das Kriterium der »Zivilisation« zumindest kein Bestandteil der völkerrechtlichen Doktrin mehr sei. Dementsprechend führten andere Völkerrechtslehrbücher den Begriff nicht mehr auf, darunter auch das des Deutschen Franz von Liszt von 1898. Die deutsche Prozessvertretung focht dies jedoch nicht an.

Dass es auch anders geht, hat der Oberste Gerichtshof der

USA bereits im Jahr 1832 gezeigt, als er die damaligen Siedlungs-
gebiete der Cherokee als eigenständigen, souveränen Staat im
Fall Worcester v. Georgia anerkannte. Knapp eineinhalb Jahrhunderte später, aber noch 40 Jahre vor der Klage der Herero
und Nama, erkannte der Internationale Gerichtshof 1975 den
zur Kolonialzeit die Westsahara besiedelnden nomadischen Völ-
kern die Souveränität über die von ihnen genutzten Territorien
zu. Auch Gerichte in Australien oder Belize haben in ähnlich ge-
lagerten Fällen längst in diesem Sinne entschieden. Erstaunlich,
dass die deutsche Prozessvertretung diesen »Stand der Zivilisation« unterbietet.

Jenseits des Eurozentrismus?

Unabhängig von den Einzelaspekten des kolonialen Rechts hätte
man sich auf grundsätzlicherer Ebene die Frage stellen können,
mit welcher Berechtigung eigentlich das europäische Völkerrecht den Alleinanspruch auf den Begriff des »International
Law« der Kolonialzeit erhebt. In den Jahrhunderten zuvor war
es auch für das europäische Völkerrecht selbstverständlich, sich
als ein Ordnungssystem unter vielen zu verstehen und bei aller Tendenz zur Expansion von einer Koexistenz unterschiedlicher Völkerrechtsordnungen auszugehen. Erst im Zuge der
Französischen Revolution und der Industrialisierung erhob das
europäische Völkerrecht einen globalen Anspruch. Doch es blieb
dabei zunächst vor allem beim Anspruch. Nur punktuell und
sukzessive gelang es den imperialen europäischen Mächten, diesen Anspruch auch durchzusetzen. Aber setzt dies automatisch
sämtliche konkurrierenden Vorstellungen von internationalem
Recht im Nachhinein außer Kraft? Was ist zum Beispiel mit der
Rechtsauffassung der Herero und Nama, von denen etwa die

Briefe des berühmten Namaführers Hendrik Witbooi Zeugnis ablegen? Noch 1894 behauptete dieser gegenüber dem Kommandeur der deutschen Schutztruppe mit folgenden Worten seine Unabhängigkeit:

>»Ein jeder Kapitain regiert sein Volk und Land selbständig und ist unabhängiges Oberhaupt seines Landes und Volkes. Er hat sein Volk gegen jede Gefahr oder Not ... zu beschützen. Aus diesem Grund gibt es verschiedene Königreiche, und jeder Kapitain sorgt für sein Volk und Land und beherrscht es. Wenn nun ein Kapitain einem anderen unterstellt ist, dann ist der Unterstellte nicht mehr unabhängig und nicht mehr sein eigener Herr ...«

Deutschland tut sich auffällig schwer damit, aus dem langen Schatten des 19. Jahrhunderts herauszutreten und der namibischen Seite auf Augenhöhe zu begegnen. Das Problem geht über die Prozessführung hinaus. Zwar gelang es im Mai 2021, eine Einigung zwischen der Bundesrepublik Deutschland und der namibischen Regierung zu erzielen. Anders als im Fall der Wiedergutmachung nach dem Zweiten Weltkrieg scheint ein völkerrechtlicher Vertrag mit entsprechenden Entschädigungspflichten aber nicht vorgesehen zu sein. Lieber belässt man es bei einer unverbindlichen Erklärung und stellt die Finanzierung von Entwicklungsprojekten in Aussicht. So bleibt Namibia weiterhin vom deutschen Wohlwollen abhängig. Das mag der Bundesregierung kurzfristig finanziell vorteilhaft erscheinen. Doch Proteste von weiten Teilen der betroffenen Gruppen ließen nicht lang auf sich warten. Aus ihrer Sicht haben sich die namibische und die deutsche Regierung gegen sie verbündet. Statt sie um Verzeihung zu bitten, behandelt man sie wie Bittsteller. Eine langfristige Veränderung seines Selbstverständnisses in Richtung eines »global Germany«, das seine koloniale Perspektive ablegt, dürfte Deutschland auf diese Weise nicht erreichen.

Verfahren: US Court of Appeals, 2nd Circuit, Rukoro v. Federal Republic of Germany, Docket No. 19–609, 24. September 2020. Die deutsche Position ist nachzulesen in Rukoro v. Federal Republic of Germany, S. D. N. Y. 17 cv 00062 (LTS), Defendant's Reply in Support of Defendant's Motion to Dismiss for Lack of Subject Matter Jurisdiction, for Lack of Personal Jurisdiction, for Failure to Exhaust Remedies in Germany and Under the Doctrines of Political Question and Forum Non Conveniens, May 8, 2018.

Literatur: Matthias Goldmann, »Ich bin Ihr Freund und Kapitän«. Die deutsch-namibische Entschädigungsfrage im Spiegel intertemporaler und interkultureller Völkerrechtskonzepte, Max Planck Institute for Comparative Public Law & International Law (MPIL), Research Paper No. 2020–29 (2020), abrufbar unter www.ssrn.com.

Auf hoher See ausgesetzt

Frontex muss sich vor dem Europäischen
Gerichtshof verantworten

von Clara Anne Bünger

Es ist der 28. November 2020, als J. K., ein unbegleiteter Minderjähriger, gemeinsam mit A. N., einer aus Burundi geflohenen Frau, und achtzehn weiteren Schutzsuchenden in einem Schlauchboot von der Türkei aus nach Griechenland unterwegs ist. Gegen 10 Uhr abends landen sie im südlichen Teil der Insel Lesbos. Dort harren sie völlig durchnässt eine Nacht aus. Am nächsten Tag werden sie von der griechischen Polizei aufgegriffen und mit einem Van zu einem abgelegenen Hafen gebracht. Sie werden durchsucht, die Handys werden ihnen abgenommen. Sie müssen stundenlang, ohne Versorgung mit Essen und Trinken, eingeschlossen in einem Bus warten, bis vermummte griechische Polizeibeamte sie von dem abgelegenen Hafen aus mit einem Boot aufs offene Meer bringen und sie auf »Rettungsinseln« ohne Motor aussetzen.

Dies ist nur einer von vielen dokumentierten Fällen, bei denen Schutzsuchende im östlichen Mittelmeer bei dem Versuch, nach Griechenland zu fliehen, Opfer von rechtswidrigen »Pushbacks« werden. Diese Pushbacks sind staatliche Maßnahmen, bei denen schutzsuchende Menschen – meist unmittelbar nach Grenzübertritt – zurückgeschoben werden ohne die Möglichkeit, einen Asylantrag zu stellen oder gar ein Asylverfahren zu durchlaufen. Aus den Berichten geht hervor, dass neben der griechischen Küstenwache auch Schiffe der EU-Grenzschutzagentur Frontex an diesen Aktionen beteiligt sind: Schlauchboote mit Schutzsuchenden, die sich offensichtlich in Seenot befinden, werden von Frontex-Schiffen nicht gerettet, teilweise sogar bedrängt. Diese rechtswidrigen Zurückweisungen sind kein Einzelfall, sondern erfolgen systematisch an der EU-Außengrenze.

Pushbacks in der Ägäis

Expert:innen sind sich weitgehend einig, dass Pushbacks wie die in der Ägäis eine klare Missachtung von Völker- und EU-Recht darstellen, wie etwa das Verbot der Kollektivausweisung und das Verbot, Menschen einer unmenschlichen Behandlung auszusetzen.

Trotzdem wurde Frontex bisher für die Beteiligung an diesen Rechtsverletzungen nicht vor Europäischen Gerichten zur Verantwortung gezogen. Das hat vor allem den Grund, dass die Europäische Union nicht zu den Unterzeichner:innen der Europäischen Menschenrechtskonvention gehört, nur die Mitgliedstaaten haben sie unterschrieben. Und deshalb kann Frontex vor dem Europäischen Gerichtshof für Menschenrechte in Straßburg nicht juristisch zur Rechenschaft gezogen werden.

Allerdings wurde Frontex nun vor dem Gerichtshof der Europäischen Union in Luxemburg verklagt: Die Initiative front-LEX und die Anwält:innen vom Progress Lawyers Network haben mit Unterstützung von Greek Helsinki Monitor im Namen von A. N. und J. K. im Mai 2021 ein Klageverfahren gegen Frontex wegen

Untätigkeit beim Europäischen Gerichtshof eingereicht. Die Kläger:innen stützen sich darauf, dass Frontex trotz schwerwiegender und systematischer Verletzungen der Grundrechte seine Operation in der Ägäis nicht einstellt. Dabei sieht Artikel 46 der Frontex-Verordnung vor, dass der Exekutivdirektor der Agentur alle Tätigkeiten einstellt, die – nach Konsultation des Grundrechtsbeauftragten der Agentur – mit anhaltenden Verstößen gegen Grundrechte und Verpflichtungen des internationalen Schutzes einhergehen. Die Kläger:innen sehen klare Verstöße von Frontex gegen die Verpflichtung aus der EU-Grundrechtecharta und machen geltend, dass sie mehrfach Opfer von Kollektivausweisungen mit Beteiligung von Frontex geworden sind.

Der »europäische Schutzschild«?

Unmittelbar nach seinem Amtsantritt hatte der 2019 neu ins Amt gewählte griechische Ministerpräsident Kyriakos Mitsotakis rechtliche Verschärfungen im Asyl- und Migrationspolitik umgesetzt. Im März 2020 folgten Verschärfungen der nationalen Grenzkontrollen, die »Aussetzung« des Asylrechts und »präventive Maßnahmen« in Bezug auf Ankünfte an der See- und Landgrenze, welche einem internen Bericht des griechischen Regierungsrates für Auswärtige Angelegenheiten und Verteidigung zufolge als »neue Taktik« bezeichnet wurden. Das Ergebnis: ein massiver Einsatz von Polizei- und Militärkräften und eine beispiellose Zunahme von rechtswidrigen Zurückweisungen an der Grenze.

Am 4. März 2020 wurde Muhammed Gulzar an der griechisch-türkischen Landgrenze am Evros-Fluss bei dem Versuch, nach Griechenland zu fliehen, erschossen. Zahlreiche Organisationen, darunter auch das Deutsche Institut für Menschenrechte, haben die dortigen gewalttätigen Zurückweisungen als klaren Verstoß gegen internationales- und EU-Recht bezeichnet. Die EU-Kommissionspräsidentin Ursula von der Leyen reiste im März 2020 zwar an die griechisch-türkische Grenze, aber nicht etwa, um die offensichtlichen Rechtsverstöße zu ahnden und Griechenland zur Einhaltung von EU-Recht zu ermahnen. Sie lobte stattdessen den Einsatz Griechenlands, obwohl die Verschärfungen und die neue »Taktik« der EU-Behörde Frontex, laut einem internen Bericht des Vorstands von Frontex, bekannt waren. Wörtlich sagte sie: »Ich möchte Griechenland dafür danken, dass es unser europäischer Schutzschild ist.« Frontex hat am 2. März 2020, einen Tag nachdem der griechische Ministerpräsident die Aussetzung des Asylsystems erklärte, Schnelleingreiftruppen zur Unterstützung Griechenlands gegen »illegale« Einreisen angeordnet. Nichtregierungsorganisationen beklagen bis zu 9000 illegal zurückgewiesene Schutzsuchende im Jahr 2020. Die Bundesregierung erklärte auf Anfrage, dass Frontex zwischen März 2020 und Januar 2021 an 132 Zurückweisungen in der Ägäis beteiligt gewesen sei.

Nach Medienberichten und Beschwerden zahlreicher Politiker:innen verteidigte der Frontex-Exekutivdirektor Fabrice Leggeri das Handeln seiner Agentur und behauptete, dass nicht alle der in den Booten befindlichen Menschen Schutzsuchende seien und sich auch nicht alle in Seenot befinden würden. Die Boote dürften angewiesen werden, ihren Kurs zu ändern, und hierzu auch gezwungen werden – dieses Vorgehen sei von der EU-Verordnung zur Überwachung der Seegrenzen und allgemein durch internationales Seerecht gedeckt. Die Zurückweisung von Schlauchbooten als »optimales Ausnutzen des EU-Rechts« zu bezeichnen, wie es Leggeri am 4. März 2021 in der vom Europaparlament eingerichteten »Frontex Scrutiny Working Group« tat, stellte eine weitere Zäsur dar. Die Untersuchungsgruppe des Europaparlaments zweifelt jedoch nicht daran, dass Grundrechtsverletzungen stattgefunden haben, und kommt in ihrem Abschlussbericht vom 15. Juli 2021 zu dem Ergebnis, Frontex habe mindestens Kenntnis von Grundrechtsverletzungen gehabt, sei diesen jedoch nicht nachgegangen und hätte auch keine Konsequenzen für die gemeinsame Operation mit den griechischen Behörden gezogen.

Rechtsschutz nur auf Umwegen

Die gesamteuropäische Diskursverschiebung nach rechts hat den Weg für Rechtsverletzungen bereitet – es existieren mittlerweile de facto rechtsfreie Zonen an der EU-Außengrenze. Das muss auch jede:n Verteidiger:in »unserer europäischen Rechtsstaatlichkeit« alarmieren. Das bisher einmalige Verfahren gegen Frontex vor dem Europäischen Gerichtshof steht vor großen prozessualen Hürden. Für die Kläger:innen wird es schwierig werden zu beweisen, dass die Untätigkeit von Frontex, die Operationen einzustellen, sie individuell betrifft. Das europäische Recht ermöglicht den Betroffenen einer menschenrechtswidrigen Grenzpolitik kaum einen Zugang zu einem effektiven Rechtsschutz. Im Ergebnis würde ein negativer Ausgang des Verfahrens einmal mehr diese Lücke aufzeigen. Eine umfassende Reform des Rechtsschutzes und ein Beitritt der Europäischen Union zur Europäischen Menschenrechtskonvention sind nötig, um Agenturen wie Frontex zur Verantwortung zu ziehen.

Verfahren: Untätigkeitsklage von A. N. und J. K. gegen Frontex, die Europäische Agentur für die Grenz- und Küstenwache: SS and ST vs. Frontex in der Rechtssache T-281/21.

Literatur: Melanie Fink, Frontex and Human Rights, Responsibility in >Multi-Actor Situations< under the ECHR and EU Public Liability Law, Oxford 2018; Izabella Majcher, Human Rights Violations During EU Border Surveillance and Return Operations: Frontex's Shared Responsibility or Complicity? (July 20, 2015). Silesian Journal of Legal Studies, Vol. 7, abrufbar unter https://ssrn.com/abstract=2640499.

Faktenfreie Skandalisierung

Strafverfahren um angeblichen Bremer
BAMF-Skandal eingestellt

von Matthias Lehnert

Im April 2018 berichtete ein Rechercheverbund von Süddeutscher Zeitung und NDR in Zusammenarbeit mit Radio Bremen über den Vorwurf, in der Bremer Außenstelle des Bundesamts für Migration und Flüchtlinge (BAMF) sei über 1200 Asylsuchenden unrechtmäßig ein Schutzstatus zugesprochen worden. Von Betrug und Vorteilsannahme durch die ehemalige Leiterin der Außenstelle war die Rede. AfD und FDP forderten damals die Einsetzung eines Untersuchungsausschusses.

Das Landgericht Bremen hat im April 2021 das Strafverfahren gegen Ulrike B., die ehemalige Leiterin der Bremer Außenstelle, gegen Zahlung von 10000 Euro eingestellt, das Verfahren gegen den Rechtsanwalt Irfan C., der viele der betroffenen Asylsuchenden vertreten hat, endete mit einer Verurteilung zu einer Geldstrafe von 6000 Euro. In den beiden Verfahren ging es ohnehin nur noch um den Vorwurf einer Vorteilsannahme: Der Rechtsanwalt habe der BAMF-Leiterin zwei Hotelübernachtungen für je 65 Euro bezahlt, eine Vermischung von privaten und beruflichen Interessen stand im Raum. Ein mickriges Ergeb-

nis angesichts eines Verfahrens, das 2018 als »BAMF-Skandal«
Schlagzeilen in den Leitmedien in Deutschland machte.

Rechtswidrige Asylentscheidungen
»denklogisch ausgeschlossen«

Die Verfahren waren 2018, vermutlich gestützt auf vage Hinweise
eines Mitarbeiters der BAMF-Außenstelle, durch die Staatsanwaltschaft Bremen eingeleitet worden. Zu diesem Zeitpunkt
waren sowohl der Umfang der Vorwürfe als auch die Zahl der
Beschuldigten deutlich größer: Die Bremer Staatsanwaltschaft
ermittelte zunächst gegen zwölf Personen – neben Ulrike B.
gegen ihren Stellvertreter, fünf weitere Mitarbeiter*innen der
BAMF-Außenstelle, drei Rechtsanwälte, einen Dolmetscher und
eine weitere Person – wegen des Vorwurfs, bandenmäßig Asylsuchenden unrechtmäßig einen Schutzstatus zugesprochen zu
haben. Ebenfalls wurde der Vorwurf lanciert, dass die Außenstelle des BAMF die Verfahren unrechtmäßig an sich gerissen
habe, in Zusammenspiel mit einem der beschuldigten Rechtsanwälte, der dafür eigens Bustransporte für Geflüchtete nach Bremen organisiert habe. Im Zuge der Ermittlungen wurden auch
das Smartphone von Ulrike B. abgehört und ihre Privatwohnung
durchsucht.

Bei den Antragsteller*innen, um deren Asylverfahren es ging,
handelte es sich größtenteils um Jesid*innen aus dem Irak und
aus Syrien, ein Teil von ihnen hatte bereits in Bulgarien einen
Asylantrag gestellt und dort einen Schutzstatus erhalten. Tatsächlich waren für einige der Asylverfahren zunächst Außenstellen anderer Bundesländer zuständig, bevor sie von der Außenstelle in Bremen übernommen worden waren.

Bereits dieser von Beginn an allseits bekannte Sachverhalt

musste bei Beobachter*innen mit asylrechtlichem Sachverstand die Frage aufwerfen, inwiefern die Bremer Außenstelle hier überhaupt rechtswidrig gehandelt habe. Denn erstens waren Jesid*innen sowohl im Irak als auch in Syrien eine vom sogenannten Islamischen Staat massiv bedrohte und verfolgte Bevölkerungsgruppe. Zweitens sprechen gute und auch von zahlreichen Verwaltungsgerichten vertretene Gründe dafür, dass das Asylverfahren und insbesondere die Lebensbedingungen von Geflüchteten in Bulgarien menschenrechtswidrig sind – mit der Folge, dass sich eine Abschiebung nach Bulgarien verbietet und das Asylverfahren in Deutschland durchgeführt werden muss. Drittens sah eine Weisung der Nürnberger BAMF-Zentrale aus dem Dezember 2014 ausdrücklich vor, dass Verfahren aus Niedersachsen zur Entlastung von anderen Außenstellen übernommen werden sollten.

Auch das Landgericht Bremen kam nach Auswertung der Akten im Dezember 2020 zu dem Ergebnis, dass in den betreffenden Verfahren keine rechtlichen Fehler gemacht worden seien. Mit deutlichen Worten führte das Landgericht aus, dass die von der Staatsanwaltschaft vorgetragenen Vorwürfe »denklogisch ausgeschlossen« seien und vielmehr der Aufenthalt der betreffenden Antragsteller*innen dem Gesetz entsprechend legalisiert worden sei. Im Strafverfahren blieb allein der Vorwurf der Bestechung und Bestechlichkeit gegen Ulrike B. und Irfan C. bestehen. Auch eine grundlegende Aufarbeitung innerhalb des BAMF kam bereits im August 2018 zu dem Ergebnis: Von allen seit dem Jahr 2000 ergangenen positiven Bescheiden – es wurden also nicht nur solche berücksichtigt, die nach 2015 erfolgten – wurden allein 165 Fälle als rechtsfehlerhaft bezeichnet, weniger als ein Prozent.

Mediale Skandalisierung statt seriöser Recherche

Trotz der Zweifel, die sich bereits von Beginn an aufdrängen mussten: Als die Medien vermutlich durch die Staatsanwaltschaft Bremen von den Vorwürfen erfuhren, wurden diese umgehend veröffentlicht – im Konjunktiv und damit formal als Verdachtsberichterstattung, aber prominent platziert und insbesondere ohne eine seriöse rechtliche wie tatsächliche Recherche der Vorgänge. Wohlmeinende Kommentare trugen später zur Verteidigung der berichtenden Medien wie der Süddeutschen Zeitung und den ARD-Anstalten vor, dass diese nach einer »flüchtlingsfreundlichen« Berichterstattung nach dem Sommer der Migration 2015 beweisen wollten, auch über die vermeintlichen Schattenseiten der Asylpolitik objektiv zu berichten. Zugleich hätten sie, als die Vorwürfe später entkräftet worden waren, umfangreich darüber berichtet.

Auf diese Skandalisierung musste auch die Politik umgehend reagieren: Bundesinnenminister Horst Seehofer erließ im Mai 2018 ein für sechs Monate geltendes Verbot gegenüber der Bremer Außenstelle des BAMF, Asylentscheidungen zu treffen, und entschuldigte sich bei der Bevölkerung für diesen »handfesten schlimmen Skandal«; sein Staatssekretär Stephan Mayer hatte bereits im April ohne jede Tatsachengrundlage behauptet, dass einzelne BAMF-Mitarbeiter*innen »hochkriminell und bandenmäßig« gehandelt hätten. Im Juni wurde die bisherige BAMF-Präsidentin Jutta Cordt aufgrund des vermeintlichen Skandals von Innenminister Seehofer entlassen und durch den Hardliner Hans-Eckhard Sommer aus dem bayerischen Innenministerium ersetzt.

Das rechte Narrativ der Rechtlosigkeit im Asylrecht

Im Kontext des angeblichen »BAMF-Skandals« wurden nicht nur Verdachtsmomente unseriös übernommen, sondern öffentlich auch ein Narrativ gestützt, das spätestens seit 2015 den Asyldiskurs bestimmt: Die Praxis des Asylrechts sei von einer »Herrschaft des Unrechts« (Horst Seehofer, 2016), von einem permanenten Rechtsbruch und einem Verfall von Recht und Ordnung bestimmt, und dieser Zustand der Rechtlosigkeit werde von einer aus Anwaltschaft und Beratungsstellen bestehenden »Anti-Abschiebeindustrie« (Alexander Dobrindt, 2018) forciert.

Diese rechten Kampfparolen waren und sind nicht nur faktenfrei, rechtsstaatsfeindlich und – etwa auch hinsichtlich der Aufnahme von Geflüchteten im Sommer 2015 – rechtlich falsch. Sie lenken zugleich von den eigentlichen Missständen in der Praxis des BAMF ab, die der Öffentlichkeit kaum bekannt und der eigentliche Skandal sind: In den vergangenen Jahren lag der Anteil der Entscheidungen des BAMF, die von den Verwaltungsgerichten zugunsten von Geflüchteten korrigiert wurden, bei teilweise bis zu 30 Prozent. Afghanische Schutzsuchende haben vor Gericht in mehr als der Hälfte der Verfahren gegen negative BAMF-Entscheidungen Erfolg und erhalten einen Schutzstatus.

Diese immense Fehlerquote des BAMF hat mehrere Ursachen: Erstens hat der vormalige BAMF-Chef Frank-Jürgen Weise, unterstützt durch die Unternehmensberatung McKinsey, seit 2015 eine an ökonomischen Kriterien orientierte »Effizienzsteigerung« von Verfahrensabläufen innerhalb des BAMF vorangetrieben. Die Mängel im Verfahren zu Lasten von Geflüchteten, unter anderem bei der Qualität von Sprachmittler*innen und der Prüfungsdichte, haben sich dadurch verschärft. Zweitens haben gesetzliche Verschärfungen, wie etwa bei der Geltendmachung von krankheitsbezogenen Abschiebungsverboten, die Hürden für Schutzsuchende erhöht. Drittens ist die grundsätzliche Ablehnung etwa von Anträgen afghanischer Schutzsuchender politisch gewollt wie vorgegeben: Durch die Änderung der sogenannten Herkunftsländerleitsätze zu Afghanistan 2016 wird vor allem bei jungen gesunden Männern selbst im Fall einer politischen Verfolgung – und im Widerspruch zu zahlreichen Berichten von Expert*innen – darauf verwiesen, dass sie in einem anderen Teil Afghanistans Schutz suchen könnten, statt in Deutschland ein Bleiberecht zu erhalten.

Die Politik des BAMF und, nicht zu vergessen, die systematischen Menschenrechtsverletzungen an den europäischen Außengrenzen beweisen vor allem eines: Die Asylpolitik der Gegenwart ist ein Skandal und ein permanenter Rechtsbruch – zu Lasten, nicht zugunsten von Geflüchteten.

Verfahren: Landgericht Bremen, Beschluss vom 20. April 2021, Aktenzeichen 2 KLs 1/20; Landgericht Bremen, Beschluss vom 4. November 2020, Aktenzeichen 2 KLs 1/20, in: Strafverteidiger (StV) Spezial 2021, S. 45ff.

Literatur: Nicolas Richter/Jan Strozyk, Verdacht auf weitreichenden Skandal beim BAMF, Süddeutsche Zeitung vom 20. April 2018, abrufbar unter www.sueddeutsche.de; Bundesministerium des Innern, für Bau und Heimat, Antwort auf die schriftliche Frage von Ulla Jelpke Monat Juli 2018 vom 12. Juli 2018, Arbeitsnummer 7/1, abrufbar unter ulla-jelpke.de; Christine Adelhardt/Sandra Stalinski/Michael Stempfle, Was passierte wirklich? Chronologie der BAMF-Affäre, tagesschau vom 20. August 2018, abrufbar unter www.tagesschau.de; Christine Adelhardt/Stefan Buchen/Stella Peters, Gericht stutzt Anklage zurecht, tagesschau vom 17. Dezember 2020, abrufbar unter www.tagesschau.de; Stefan Buchen, Skandal, der keiner war, Kommentar vom 20. April 2021, abrufbar unter www.daserste.ndr.de.

Racial Profiling im Standesamt

Wie Schwarzen Kindern ihre Staatsbürgerschaft
verwehrt wird

von Fatou Sillah

»Diese Misshandlung, diese Kinderrechtsverletzung betrifft
nur Schwarze deutsche Kinder, deren Eltern afrikanische Mi-
grant*innen sind, Schwarz. Und ich versichere dir, der Ursprung
dieser ganzen Saga ist Hautfarbe, weil wir Schwarz sind. Das ist
es.« Damit bezieht sich eine Betroffene auf das Vorgehen, durch
welches das Bremer Standesamt in den letzten Monaten trau-
rige Berühmtheit erlangt hat. Die Praxis erfasst Fälle, in denen
Frauen nichtdeutscher Staatsbürgerschaft mit deutschen Männern ein Kind bekommen haben. Betroffen sind fast ausschließlich Frauen aus Ghana und Nigeria. Das Bremer Standesamt
unterstellt ihnen pauschal, der Mann, der die Vaterschaft ihres
Kindes anerkannt hat, sei nicht der leibliche, zumindest nicht
der rechtliche Vater. Hier zu unterscheiden ist wichtig, denn der
biologische Vater ist nach deutschem Recht nicht automatisch
der rechtliche Vater eines Kindes. Rechtlich wird als Vater eines
Kindes in erster Linie immer der Ehemann der Mutter vermutet,
und solange es einen Ehemann gibt, kann es zunächst keinen
anderen Vater geben (siehe dazu auch den Beitrag von *Lea Beck-*

mann in diesem Report, S. 207 ff.). Das Standesamt behauptet, die Vaterschaftsanerkennung durch den deutschen Mann sei nur erfolgt, damit das Kind dadurch die deutsche Staatsangehörigkeit und die Mutter ein daraus abgeleitetes Aufenthaltsrecht bekäme. Der Ehemann der Mutter, und damit der rechtliche Vater, lebe jedoch vermutlich im Herkunftsland oder in einem anderen EU-Staat. Mit dieser Begründung weigert sich das Standesamt in einigen Fällen schon seit über einem Jahr, die Geburtsurkunden der betroffenen Kinder auszustellen. Anhaltspunkte für diese Vermutung gibt es nicht. Seit September 2020 protestieren Schwarze Mütter gegen diese Praxis. Das Oberverwaltungsgericht Bremen hat in seinem Beschluss vom 10. Februar 2021 nun entschieden, dass dieser pauschale Generalverdacht rechtswidrig ist.

Deutsch ist immer noch, wer von Deutschen abstammt

Wenn ein Kind in Deutschland geboren wird, heißt das nicht unbedingt, dass das Kind auch die deutsche Staatsangehörigkeit bekommt, denn vorrangig gilt das sogenannte Abstammungsprinzip: Kinder werden nach dem Staatsangehörigkeitsgesetz grundsätzlich dadurch deutsche Staatsangehörige, dass ein Elternteil die deutsche Staatsangehörigkeit besitzt. Erkennt ein deutscher Mann die Vaterschaft an, ist also der rechtliche Vater, so geht seine deutsche Staatsangehörigkeit auf das Kind über. Gilt ein anderer Mann als der rechtliche Vater, so bekommt das Kind nicht die deutsche Staatsangehörigkeit und ist im schlimmsten Fall ausreisepflichtig. Das macht die Frage der Beurkundung der Abstammung so zentral.

Die Behörden sind offensichtlich darauf aus, in möglichst vielen solcher Fälle festzustellen, dass dem Kind die deutsche

Staatsangehörigkeit nicht zusteht. Hierfür stehen ihnen mehrere Mittel zur Verfügung. Eines davon ist Paragraph 1597a des Bürgerlichen Gesetzbuches. Die Norm verbietet seit ihrer Einführung 2017 »missbräuchliche Vaterschaftsanerkennungen« und untersagt die Anerkennung einer Vaterschaft, wenn diese lediglich dazu dienen soll, den rechtmäßigen Aufenthalt des Vaters, der Mutter oder des Kindes zu ermöglichen. Verdächtig ist eine Vaterschaftsanerkennung laut Gesetz etwa, wenn der Eindruck entsteht, dass die Eltern sich nicht kennen. Aber auch wenn eine der beteiligten Personen eine Duldung hat oder Angehörige eines sogenannten sicheren Herkunftsstaates ist und einen Asylantrag gestellt hat. Der Verdacht der Missbräuchlichkeit entsteht also nicht nur durch ein bestimmtes Verhalten. Viele Menschen stehen allein aufgrund von Faktoren unter Verdacht, auf die sie keinen Einfluss nehmen können. So werden etwa Personen mit ghanaischer Staatsangehörigkeit, die ohnehin schon große Schwierigkeiten bei der Erlangung eines Aufenthaltstitels haben, da Ghana auf der Liste der sicheren Herkunftsstaaten steht, durch diese Regelung unter Generalverdacht gestellt. Auch eine geduldete Person kann nicht ohne weiteres ein Kind mit einem deutschen Staatsangehörigen bekommen, ohne den Verdacht des Versuchs einer »missbräuchlichen Vaterschaftsanerkennung« zu wecken.

Racial Profiling durch das Standesamt

Das Bremer Standesamt bedient sich zuletzt aber vor allem einer anderen perfiden Methode. Sie betrifft vorrangig Mütter, die aus Ghana und Nigeria kommen. Die Standesbeamt:innen unterstellen jeder Mutter, die in das Raster fällt, sie sei bereits mit einem anderen Mann verheiratet als dem, der die Vaterschaft anerkannt hat. Damit wäre die bereits vom Jugendamt beurkundete Vaterschaftsanerkennung des deutschen Vaters unwirksam. Selbst wenn der anerkennende deutsche Staatsbürger also der biologische Vater des Kindes ist, würde das nach einem Beschluss des Bremer Oberverwaltungsgerichts vom 3. Februar 2021 bedeuten, dass er nicht als dessen rechtlicher Vater in die Geburtsurkunde eingetragen werden könnte. Legen die Mütter Ledigkeits- und Scheidungsurkunden vor, um zu beweisen, dass sie nicht verheiratet sind, werden diese nicht anerkannt. Und zwar mit der Begründung, dass das ghanaische und nigerianische Urkundenwesen nicht hinreichend zuverlässig sei. Das deutsche Urkundenwesen hingegen sei ein zu hohes Gut, um zu riskieren, dass möglicherweise falsche Urkunden ausgestellt würden. So erhält das Kind nicht einmal eine Geburtsurkunde, bis bewiesen ist, dass die Mutter tatsächlich nicht verheiratet ist. Da die entsprechenden Urkunden aus Ghana und Nigeria jedoch nicht anerkannt werden, ist dieser Beweis meist unmöglich. Die Betroffenen sind also in einem Teufelskreis aus rassistischen Vorurteilen gefangen.

Das Bremer Oberverwaltungsgericht kritisierte in seiner Entscheidung vom 10. Februar 2021 nun noch einen weiteren Punkt. Es sei unzumutbar, den Müttern »ins Blaue hinein« die Pflicht aufzuerlegen, ihr Nichtverheiratetsein zu beweisen. Eines Nachweises der Ledigkeit der Mutter bedürfe es nur, wenn auch konkrete Anhaltspunkte für das Bestehen einer Ehe vorlägen, etwa wenn die Frau bei der Beantragung des Visums angegeben hat, verheiratet zu sein. Andernfalls könne von den Müttern nicht verlangt werden, diesen Verdacht zu widerlegen. Auch dem Generalverdacht gegenüber Müttern aus Ghana erteilt das Gericht eine klare Absage: »Der Hinweis der Antragsgegnerin, es habe sich in einer Vielzahl anderer Verfahren [...], in denen ghanaische Mütter Vaterschaftsanerkennungen deutscher Staatsangehöriger vorgelegt haben, herausgestellt, dass die Mütter in Ghana verheiratet sind, stell[e] keinen ›konkreten Anhaltspunkt‹ [...] dar.« Die rassistischen Vorurteile der Standesbeamt:innen reichen dem Gericht also nicht aus, um die Vermutung zu begründen, die Mutter sei bereits verheiratet. Dennoch stehen die von dieser Praxis betroffenen Kinder weiterhin laut Geburtenregister ohne Vater da. Auch die Geburtsurkunde wird ihnen nicht ausgestellt – und das teilweise schon seit einem Jahr und länger.

Symbolpolitik auf den Rücken der Familien

Regelungen zu Vaterschaftsanerkennungen waren stets umstritten. Die sogenannte Behördenanfechtung etwa, bei der es bestimmten Behörden erlaubt war, beurkundete Vaterschaftsanerkennungen rückwirkend aufzuheben, wenn diese zu aufenthaltsrechtlichen Zwecken erfolgt sind, wurde im Jahr 2013 vom Bundesverfassungsgericht für verfassungswidrig erklärt. Daraufhin wurde mit dem ebenfalls kontrovers diskutierten »Gesetz zur besseren Durchsetzung der Ausreisepflicht« das heute geltende Verbot »missbräuchlicher Vaterschaftsanerkennungen« eingeführt. Die gegenwärtige Praxis des Bremer Standesamtes zeigt, welch drastische Auswirkungen eine solche Regelung auf Familien hat. Mit dem Vorgehen gegen missbräuchliche Anerkennungen wird ein Generalverdacht gegen unzählige Familien begründet, der keine tatsächliche Grundlage hat und nur schwer zu widerlegen ist. Das Ausmaß ist erschreckend: So bekommt mittlerweile jede Mutter, die in das beschriebene Raster des Standesamtes fällt, ein vorgefertigtes Schreiben, in dem sie darüber informiert wird, dass die Geburtenbeurkundung zurückgestellt wird, weil eine Ehe mit einem anderen Mann vermutet wird. Der Bremer Flüchtlingsrat schätzt, dass sich derzeit über 200 Familien in diesem Verfahren befinden. Demgegenüber sind in Bremen seit der Einführung des Verbots im Jahr 2017 bis einschließlich 2020 lediglich 16 Vaterschaftsanerkennungen als missbräuchlich eingestuft worden. Das Vorgehen gegen missbräuchliche Vaterschaftsanerkennungen ist also vor allem symbolischer Natur. Die Nachteile, die dabei für die betroffenen Familien entstehen, sind dagegen real.

Familien im Visier der Migrationspolitik

Dabei sind Regelungen im Aufenthaltsgesetz, die etwa der »ausländischen« Mutter eines Kindes mit deutscher Staatsangehörigkeit einen Aufenthaltstitel verschaffen, gerade dazu da, Familien das Zusammenleben zu ermöglichen. Sie sind eine Konsequenz des Schutzes, der Familien nach dem Grundgesetz zusteht. Dieser Schutz soll verhindern, dass Familien voneinander getrennt werden, weil ein Familienmitglied ein Aufenthaltsrecht oder die deutsche Staatsangehörigkeit hat, während die anderen ausreisen müssen. Doch die Praxis des Standesamtes zielt gerade darauf ab, Familien auseinanderzureißen. Anstatt durch die Rechtsordnung geschützt zu werden, geraten diese vulnerablen Familien in das Visier der Migrationspolitik. Das Wohl des Kindes wird hierbei hintangestellt, obwohl es nach der UN-Kinderrechtskonvention bei allen Maßnahmen, die Kinder betreffen, eigentlich zu priorisieren ist. Hartes Durchgreifen und konsequente Durchsetzung der Ausreisepflicht stehen deutlich über Grund- und Kinderrechten.

Auch nach mehrmaligen Gesprächen zwischen Betroffenen und den Verantwortlichen aufseiten des Senators für Inneres hat sich kaum etwas an dieser Situation geändert, und so hält der Protest der Mütter an. Sie fordern nicht nur die Geburtsurkunden ihrer Kinder, sondern auch einen respektvollen Umgang, ein Ende der diskriminierenden Behördenpraxis und ein Verfahren frei von Rassismus. Ihren Kindern soll endlich die deutsche Staatsangehörigkeit zuerkannt werden, denn sie steht ihnen zu.

Verfahren: Oberverwaltungsgericht Bremen, Beschluss vom 10. Februar 2021, Aktenzeichen 2 B 335/20; Oberverwaltungsgericht Bremen, Beschluss vom 3. Februar 2021, Aktenzeichen 2 B 405/20; Verwaltungsgericht Bremen, Beschluss vom 14. Oktober 2020, Aktenzeichen 4 V 1713/2; Bundesverfassungsgericht, Beschluss vom 17. Dezember 2013, Aktenzeichen 1 BvL 6/10.

Literatur: Bremische Bürgerschaft, Drucksache 20/720 vom 17. November 2020, abrufbar unter www.bremische-buergerschaft.de; Anne Frisius, Protest beim Innensenator Bremen von Together-We-Are-Bremen wegen Verweigerter Geburtsurkunden, abrufbar unter www.vimeo.de; Jan Zier, Der Ehe verdächtig, taz vom 8. März 2021, abrufbar unter www.taz.de; Fatou Sillah, Un/logik der Unterdrückung – Antischwarze Gewalt in der Geburtenbeurkundung, Bachelorarbeit an der Universität Oldenburg 2021.

Entrechtung von Geflüchteten

Die autoritäre Wende des Europäischen
Gerichtshofs für Menschenrechte

von Maximilian Pichl

Im August 2014 versuchte eine größere Gruppe von Geflüchteten die spanischen Grenzanlagen in Melilla zu überwinden. Die Exklave gehört politisch zu Spanien, befindet sich aber auf nordafrikanischem Territorium: Aus diesem Grund ist sie schon seit über 20 Jahren für viele Schutzsuchende ein Ziel, um in Europa einen Asylantrag zu stellen. Doch die »Festung Europa« ist an dieser Stelle mit meterhohem Stacheldraht und Wärmebildkameras ausgestattet. Und selbst wenn man es schafft, die Zaunanlagen zu überwinden, wird man in der Regel von der Guardia Civil, Spaniens paramilitärischer Grenzpolizei, abgefangen und direkt wieder nach Marokko zurückgeschoben. So geschah es auch N. D. und N. T., zwei Asylsuchenden aus Mali und der Elfenbeinküste. Weder stellten die spanischen Behörden ihre Identität fest, noch konnten die beiden die Gründe ihrer Flucht vortragen.

Die Schutzsuchenden klagten vor dem Europäischen Gerichtshof für Menschenrechte, um dieser Politik der Entrechtung ein Ende zu setzen und sich Zugang zum europäischen

Rechtsstaat zu erstreiten. Doch der Gerichtshof hat in seiner Entscheidung N. D. und N. T. gegen Spanien vom Februar 2020 die brutalen Zurückweisungen Spaniens gestützt – mit fragwürdigen Argumenten, die eine autoritäre Wende der Migrationsrechtsprechung belegen.

Kein Zugang zum Recht

Abschiebungen ohne Verfahren gehören an der spanischen Außengrenze seit Jahren zum Alltag – sie werden dort auch »heiße Abschiebungen« genannt. Der Europäische Gerichtshof für Menschenrechte sah in diesen »heißen Abschiebungen« keinen Menschenrechtsverstoß. Die Geflüchteten hätten gewaltsam die Zaunanlagen überwunden und wollten nach Ansicht der Richter:innen gerade den Umstand ausnutzen, in einer größeren Gruppe unterwegs zu sein. Auf diese Weise hätten sie sich selbst in eine rechtswidrige Situation gebracht. Aufgrund dieses Verhaltens hätten sie selbstverschuldet keinen Anspruch mehr darauf, ein rechtsstaatliches Verfahren zu erhalten, in dem ihre Fluchtgründe geprüft werden. Außerdem hätten die Geflüchteten die angeblich legalen Einreisewege nicht aufgesucht, zum Beispiel bei Grenzposten und Botschaften.

Der Europäische Gerichtshof für Menschenrechte begibt sich mit dieser Argumentation auf einen gefährlichen Pfad, der den Kern der Menschenrechte aushöhlt. Denn was bewertet der Gerichtshof in dieser Entscheidung als Gewalt und was nicht? Sind Geflüchtete gewalttätig, wenn sie in größeren Gruppen versuchen, Europa zu erreichen, weil sie alleine eher Gefahr laufen, von den Grenzposten abgefangen zu werden? Ist es tatsächlich Gewalt, einen Zaun zu besteigen, der einen von der Inanspruchnahme seiner Menschenrechte abhält? Während der Gerichtshof in seinem Urteil das rechtspopulistische Bild des »gefährlichen Migranten« zeichnet, bleibt die reale Gewalt der Grenzpolizei, die mit Schlagstöcken und Tränengas die Menschen durch die Zaunanlagen prügelt, unsichtbar.

Das individuelle Verhalten mit der Gewährung von Menschenrechten zu verknüpfen ist ein Irrweg. In einem Strafverfahren verlieren selbst Angeklagte, die mutmaßlich schwerste Verbrechen begangen haben, nicht ihre Rechte, zum Beispiel auf ein faires Verfahren mit einer guten Verteidigung. Aber in diesem Fall sollen Geflüchtete, die nirgendwo die Möglichkeit haben, Schutz zu suchen, ihren Anspruch auf ein individuelles Verfahren verwirkt haben?

Schließlich geht auch der Verweis auf angebliche legale Fluchtwege fehl. Denn für subsaharische Geflüchtete stehen diese Wege in der Realität nicht offen, so auch die Ansicht des UN-Flüchtlingshilfswerks und der Menschenrechtsbeauftragten des Europarates in ihren Stellungnahmen zu dem Verfahren. Denn die marokkanische Polizei hält Geflüchtete schon weit im Vorfeld der Exklaven mittels rassistischer Polizeikontrollen davon ab, das europäische Territorium zu erreichen. Europas Migrationskontrollpolitik basiert auf dieser Form der Auslagerung an Drittstaaten, der Europäische Gerichtshof für Menschenrechte blendet dies hingegen aus.

Rechtsschutz nur für Bürger:innen Europas?

Auffällig an dieser Entscheidung war zudem das Sondervotum des tschechischen Richters Aleš Pejchal. Im Ergebnis stimmte er den anderen Richter:innen zwar zu, zog aber noch weitreichendere Schlussfolgerungen. Er meinte, die Betroffenen hätten nicht mal das Recht gehabt, vor dem Europäischen Gerichtshof für Menschenrechte zu klagen. Sein Sondervotum vermischt dabei koloniale und neoliberale Positionen: Die Bürger:innen Europas würden Steuern zahlen, um Institutionen wie den Gerichtshof zu finanzieren. Wer keinen Beitrag zahle, dürfe auch nicht die Rechte der »freien Gemeinschaft« in Anspruch nehmen. Die beiden Beschwerdeführer hätten zudem die Pflicht, die Situation in ihren Herkunftsstaaten zu verbessern, anstatt in Europa um Schutz zu ersuchen. Sie hätten laut Richter Pejchal vor dem Afrikanischen Menschenrechtsgerichtshof klagen sollen, um dort überprüfen zu lassen, ob es in ihren Staaten Rechtsverstöße gäbe. In letzter Konsequenz sollen in Straßburg also nur noch die europäischen Bürger:innen klagen. Eine solche exklusiv gedachte Leistungsgemeinschaft untergräbt die Idee der Menschenrechte als einem universellen System.

Politischer Druck hinterlässt Spuren

Nicht nur im Falle der »heißen Abschiebungen« hat der Straßburger Gerichtshof die Rechtspositionen von Geflüchteten ausgehöhlt. In einer weiteren Entscheidung hielten die Richter:innen die ungarische Transitzone, in denen Geflüchtete faktisch in einem Freiluft-Gefängnis untergebracht werden, für menschenrechtlich unbedenklich. Auch eine Verantwortung der europäischen Staaten für Geflüchtete, die in Botschaften Visa aus humanitären Gründen beantragen, lehnte der Straßburger Gerichtshof ab.

Die Urteile des Gerichtshofes ergeben sich weder logisch aus der juristischen Auslegung, noch fallen sie vom Himmel. Die Straßburger Richter:innen stehen unter einem enormen politischen Druck aus den europäischen Nationalstaaten. Regierungschefs wie der ungarische Ministerpräsident Viktor Orbán spinnen Verschwörungstheorien: Ein Netz aus Akteur:innen wie dem jüdischen Unternehmer George Soros, den Vereinten Nationen, den »Bürokrat:innen aus Brüssel« und Menschenrechtsorganisationen würden angeblich »geheime Pläne« verfolgen, um eine Million Muslim:innen nach Europa zu schleusen – in dieser Regierungspropaganda wird der Gerichtshof zu einem Teil dieses angeblichen Verschwörernetzwerks. Die konservative britische Regierung droht immer wieder damit, aus der Europäischen Menschenrechtskonvention auszutreten, ebenso ist der Entzug von finanziellen Mitteln für den Gerichtshof im Gespräch. Und die dänische Regierung wollte eine Entmachtung des Gerichtshofes erreichen, damit dieser in Migrationsrechtsfragen nicht mehr ungehindert entscheiden kann. Hinzu kommt noch, dass in den vergangenen Jahren politisch höchst fragwürdige Personen als Richter:innen gewählt wurden – wie die erzkonservative spanische Juristin María Elósegui, der vorgeworfen wird, homophobe und transfeindliche Ansichten zu vertreten.

Straßburg legitimiert die Entrechtung an Europas Grenzen

Betrachtet man die Entscheidungen des Gerichtshofes im Zusammenhang, dann ergibt sich für den Schutz von Geflüchteten ein düsteres Bild: Weder erhalten sie Schutz, wenn sie versuchen, die hochmilitarisierten Zäune zu überwinden, noch wenn sie ganz legal eine europäische Botschaft betreten. Die »Festung Europa« zwingt die Geflüchteten – ganz ohne Zugang zum Recht – mit Schleusern oder auf sich allein gestellt auf die lebensgefährlichen Land- und Seerouten.

Dies hat fatale Folgen: Im Mai 2021 versuchten Tausende Geflüchtete die Stadt Ceuta auf nordafrikanischem Territorium zu erreichen. Die Guardia Civil trieb die Geflüchteten zum Teil mit brutaler Gewalt zurück ins Wasser. Auch wenn es an diesem Vorgehen international lautstarke Kritik gab, müssen sich Spaniens Grenzpolizist:innen nicht fürchten, vor Europas wichtigstem Menschenrechtsgerichtshof dafür zur Rechenschaft gezogen zu werden.

Verfahren: Europäischer Gerichtshof für Menschenrechte (EGMR), Ilias und Ahmed gegen Ungarn (Große Kammer), Urteil vom 21. November 2019, Individualbeschwerde 47287/15; Europäischer Gerichtshof für Menschenrechte (EGMR), N.D. und N.T. gegen Spanien (Große Kammer), Urteil vom 13. Februar 2020, Individualbeschwerde Nr.: 8675/15 und 8697/15; Europäischer Gerichtshof für Menschenrechte (EGMR), M.N. und andere gegen Belgien (Große Kammer), Urteil vom 5. Mai 2020, Individualbeschwerde 3599/18; Europäischer Gerichtshof (EuGH), Urteile FMS u.a., C-924/19PPU und C-925/19PPU.

Literatur: Matthias Lehnert/Marei Pelzer/Maximilian Pichl, Rechtskämpfe um das europäische Flüchtlingsrecht nach dem Sommer 2015, in: Valeria Hänsel u.a. (Hrsg.): Von Moria bis Hanau. Brutalisierung und Widerstand: Grenzregime IV, Berlin 2017; Dana Schmalz, Gruppen, Massen, Kollektive: Perspektiven des Flüchtlingsrechts auf »Migration im Plural«, in: Kritische Justiz (KJ) 2020, Heft 3, S. 348–363; Adel-Naim Reyhani, Expelled from Humanity. Reflections on M.N. and Others v. Belgium, Verfassungsblog vom 6. Mai 2020, abrufbar unter www.verfassungsblog.de.

Rechte Richter*innen und verbale Ausfälle

Die Grenzen der Unabhängigkeit am Beispiel des Amtsgerichts Zittau

von Matthias Fahrner

Richter*innen urteilen im Namen des Volkes. Sie haben durch ihre Entscheidungen für den Rechtsfrieden zu sorgen. Dazu sind sie in ihrer richterlichen Tätigkeit unabhängig. Das heißt, sie sind nur an Gesetz und Recht gebunden und wiederum nur dem Gesetz unterworfen (Artikel 20 Absatz 3, Artikel 97 Absatz 1 Grundgesetz). Zum Kern des demokratischen Rechtsstaats gehört, dass Richter*innen nicht nach einem tatsächlichen oder vermeintlichem »aktuellen Volkswillen« oder ihrer politischen Meinung Urteile fällen.

Der Bundesgerichtshof hat mit seiner Entscheidung vom 27. Oktober 2020 zuletzt ein klares Zeichen gesetzt, dass Richter*innen Urteile nie zur Verbreitung ihres persönlichen politischen Gedankenguts missbrauchen dürfen. Im konkreten Fall sprach ein sächsischer Amtsrichter in Zittau eine Angeklagte vom Vorwurf der Volksverhetzung frei. Sie hatte in einer ausländerfeindlich verlaufenden Diskussion in den sozialen Netzwerken über »Flüchtlingsunterkünfte« geäußert: »Ich bring den

Brandbeschleuniger mit.« Da daraus, so der Richter, nicht ersichtlich sei, wofür dieser Brandbeschleuniger sein sollte, wollte er darin weder ein Aufstacheln zum Hass noch eine Aufforderung zu Gewalt- oder Willkürmaßnahmen erkennen, was aber notwendig gewesen wäre, um die Angeklagte zu verurteilen. Der Richter, der zwischenzeitlich wegen weiterer Freisprüche vom Vorwurf der Volksverhetzung beziehungsweise der Verwendung nationalsozialistischer Kennzeichen öffentlich kritisiert wurde, fügte diesem bereits der Sache nach überaus angreifbaren Freispruch in den schriftlichen Entscheidungsgründen zusätzlich bei: »In diesem Zusammenhang ist nach Ansicht des Gerichts die Entscheidung der Bundeskanzlerin, eine bisher nicht bekannte Anzahl von Flüchtlingen unkontrolliert ins Land zu lassen, viel mehr geeignet, den öffentlichen Frieden zu stören.« Er wollte also vermitteln, dass nicht diejenigen, die Brandbeschleuniger in Flüchtlingsunterkünfte »bringen«, das friedliche Zusammenleben gefährden, sondern die demokratisch gewählten Verfassungsorgane, die entsprechend ihrer Aufgaben, Befugnisse und Grundwerte in einer humanitären Krise handelten.

Weshalb die Staatsanwaltschaft gegen den Freispruch – anders als in den späteren Fällen – wohl kein Rechtsmittel einlegte, wurde in der Öffentlichkeit leider nicht bekannt.

Missbrauch mit dem Namen des Volkes

Zu Recht wurde aus Sicht des Bundesgerichtshofs und aller Vorinstanzen diesem Richter wegen seiner haarsträubenden Formulierung ein sogenannter Vorhalt im Rahmen der Dienstaufsicht gemacht. Normalerweise ist eine solche »Urteilsschelte« für den Inhalt der Entscheidungen wegen der Unabhängigkeit der Gerichte ausgeschlossen. Im vorliegenden Fall konnte es sich der

Bundesgerichtshof allerdings leichtmachen, weil klar zu erkennen war, dass die rein politische und auch sonst sachlich unqualifizierte Aussage keine logische Voraussetzung für das Urteil war. Der Richter hatte offenkundig die Gelegenheit missbraucht, im Namen des Volkes nur seiner eigenen, zumindest rechtspopulistischen Gesinnung besondere Geltung zu verschaffen. Auf die nicht weniger, gemessen an Recht und Gesetz, fragwürdige Anwendung des Volksverhetzungstatbestands konnte und durfte der Bundesgerichtshof in seinem Urteil aufgrund der begrenzten Vorlage nicht eingehen.

Der Bundesgerichtshof hat den Antrag des sächsischen Amtsrichters, dass der Vorhalt unzulässig in seine richterliche Unabhängigkeit eingreifen würde, zurückgewiesen. Aus Sicht des Gerichtshofs und aller Vorinstanzen zu Recht wurde dem Richter vorgehalten, dass solche Äußerungen nicht in ein Urteil gehören: Sein beigefügtes politisches Statement wies keinen notwendigen rechtlichen Zusammenhang mehr mit der Begründung der Entscheidung auf. Weil die beanstandete Äußerung dennoch formaler Teil der Urteilsgründe war, war sie geeignet, das Vertrauen in die Unabhängigkeit der Justiz zu beeinträchtigen, so die Bundesrichter*innen.

Politische Äußerungen von Richter*innen

Richter*innen dürfen in Ausübung ihres Amts keine bestimmte politische Gruppe, politisch-gesellschaftliche Mehr- oder Minderheit oder Regierungsmeinung vertreten. Sie dürfen nicht an die Stelle des Gesetzes und der juristischen Methoden zu seiner Anwendung einfach ihre eigenen politischen Ansichten setzen oder »im Namen des Volkes« verkünden.

Dass auch Berufsrichter*innen nicht auf einem weltfernen

Sockel stehen, sondern sich gesellschaftlich engagieren und äußern, ist nicht nur zulässig. Es ist auch wichtig für die »Bodenhaftung« der Justiz. Wie Beamt*innen sind sie darin in ihren Grundrechten wie der Meinungsfreiheit geschützt. Ihre Verfassungstreuepflicht bedeutet nicht, keine Kritik an der Regierung äußern zu dürfen. Vielmehr kann eine solche im demokratischen Rechtsstaat sogar geboten sein.

Alle Richter*innen, auch die Schöff*innen, sind dabei jedoch immer verpflichtet, sich inner- und außerdienstlich zur freiheitlich demokratischen Grundordnung zu bekennen, sich mit ihr zu identifizieren und für ihre Einhaltung einzutreten. Die Menschenwürde sowie die Gleichheit aller vor dem Gesetz, die gleichen politischen Bürgerrechte für alle Staatsbürger*innen, unabhängig etwa von Abstammung, Religion oder Weltanschauung, Geschlecht oder sexueller Orientierung beziehungsweise Identität – generell und im Einzelfall –, sind zwingend zu schützen. Unvereinbar mit dem Richter*innenamt sind Bestrebungen zum gewaltsamen Umsturz oder zu jeder (auch sonst formal verfassungskonformen) Neuordnung unter rassistischen, neonationalsozialistischen, totalitären oder ähnlichen Prinzipien. Es besteht die Pflicht, sich eindeutig von Gruppen und Bestrebungen zu distanzieren, die die Bundesrepublik oder die genannte Verfassungsordnung angreifen, bekämpfen und diffamieren. Dagegen verstößt jede Mitgliedschaft in oder Unterstützung von durch das Bundesverfassungsgericht als verfassungsfeindlich erklärten Parteien (wie der NPD) sowie sonst deswegen verbotenen Vereinigungen. Vor einem solchen Verbot kann die bloße Mitgliedschaft in verfassungsfeindlichen Parteien, vor allem in Erwartung, dass sich eine gemäßigte Linie durchsetzt, unbedenklich sein. Das gilt aber nicht bei einem eigenen aktiven Verhalten, zum Beispiel bei Übernahme von Ämtern und Funktionen für die materiell verfassungsfeindliche Partei beziehungsweise Vereinigung, erst recht nicht bei eigenem verfassungsfeindlichen Verhalten, nur weil es im Rahmen einer Partei erfolgt.

Außerhalb dieser Grenzen ist die sogenannte Mäßigungspflicht der Berufsrichter*innen mit der Meinungsfreiheit abzuwägen. Stets sind ehrverletzende oder diffamierende Äußerungen zu unterlassen, indes besonnene, tolerante und sachliche Kritik erlaubt. Dazwischen findet sich ein Graubereich, in dem es auch darauf ankommen kann, wie weit Bezüge zum Amt beispielsweise durch Amtsbezeichnung, Verwendung der Robe, Amtsbonus oder Bezug zu innerdienstlichen Fragen oder Ähnliches hergestellt werden. Es darf nicht der Eindruck entstehen, bei der Amtsführung werde nicht neutral gegenüber jeder Person und loyal gegenüber dem Dienstherrn vorgegangen oder rechtmäßigen dienstlichen Anordnungen nicht Folge geleistet. Zudem dürften Häufigkeit und Intensität der politischen Äußerungen nicht den Dienstbetrieb beeinträchtigen. Die polemische und zumindest in der Nähe unwahrer Tatsachenbehauptung liegende Bewertung des*der Richter*in als außerdienstliche Äußerung wäre ein Grenzfall.

Der Straftatbestand der Rechtsbeugung (Paragraph 339 Strafgesetzbuch) verlangt, um die richterliche Unabhängigkeit gegen Einschüchterung und Gängelung zu schützen, dass die Betroffenen vorsätzlich gegen elementare Normen beziehungsweise grundlegende Prinzipien verstoßen und nicht nur das Recht unvertretbar angewandt haben. Ähnlich dürfte die Grenze bei der dienstrechtlichen Sanktionierung von richterlichen Entscheidungen (und ihren »tragenden« Gründen) zu suchen sein: Sie soll zulässig sein, wenn ein »offensichtlicher, jedem Zweifel entrückter Fehlgriff vorliegt«.

Die größte Herausforderung bleibt der Nachweis von rechtsextremem oder sonst verfassungs- und grundrechtsfeindlichem

Denken, wenn es sich nicht offen zeigt, sondern sich erfolgreich hinter vermeintlich objektiven Erwägungen zu verstecken vermag.

Verfahren: Bundesgerichtshof – Dienstgericht des Bundes –, Urteil vom 27. Oktober 2020, Aktenzeichen RiZ (R) 4/20; Bundesverfassungsgericht, Beschluss vom 6. Mai 2008, Aktenzeichen 2 BvR 337/08.

Literatur: Matthias Fahrner, Quis custodiet ipsos custodes? Extremismus in der Justiz und das Verhältnis der dritten Gewalt zum Verfassungsschutz, in: Zeitschrift für das Gesamte Sicherheitsrecht (GSZ) 2021, S. 6–11; Joachim Wagner, »Bedingt abwehrbereit«. Über den schwierigen Umgang der Justiz mit AfD-Richtern und -Staatsanwälten, in: Betrifft JUSTIZ 2021, S. 5 ff.

Das Problem heißt Rassismus

Der Streit um das Wort »Rasse« im Grundgesetz

von Doris Liebscher

Nach den Anschlägen in Halle und Hanau und der von weltweiten Protesten begleiteten Tötung des Schwarzen US-Amerikaners George Floyd durch einen Polizisten ist eine Diskussion über Rassismus entfacht, die auch das Grundgesetz betrifft. Im Jahr 2020 schlugen die Bundestagsfraktionen von Grünen und Linken eine Verfassungsänderung vor. Die Formulierung »wegen seiner Rasse« in Artikel 3 Absatz 3 Satz 1 Grundgesetz soll durch die Formulierung »Niemand darf [...] rassistisch benachteiligt oder bevorzugt werden« ersetzt werden. Die Bundeskonferenz der Migrantenorganisationen, die Initiative Schwarzer Menschen in Deutschland, die Zentralräte der deutschen Sinti und Roma, der Juden und der Muslime in Deutschland unterstützen die Initiative. Das Bundesjustizministerium erarbeitete daraufhin einen Formulierungsvorschlag, der »Rasse« durch »rassistische Gründe« ersetzt, welcher im März 2021 vom Bundeskabinett übernommen wurde. Einig sind sich alle Parteien außer der AfD, dass weder der Schutzbereich des Grundrechteartikels verengt noch das Diskriminierungsverbot verwässert werden darf. Niemand will den Begriff »Rasse« ersatzlos streichen. Doch weil es in der Bundestagsfraktion der CDU/CSU keine Mehrheit für diese Änderung gab, blockierte die Union bisher eine Abstimmung im Bundestag. Eine Grundgesetzänderung in der 19. Legislaturperiode (2017 bis 2021) war somit ausgeschlossen.

Ein ambivalenter Rechtsbegriff

Als Rechtsbegriff hat »Rasse« eine ambivalente Geschichte. Rassistisches Recht, das auf Grundlage rassischer Kategorien Diskriminierung und Gewalt anordnete oder rechtfertigte, gibt es seit der Sklaverei. Die bekanntesten Beispiele sind die rassistischen Segregations- und Eheverbotsgesetze in den USA, die Apartheidsgesetze in Südafrika und die Nürnberger Rassengesetze. 1945 setzte das Alliierte Kontrollratsgesetz Nummer 1 die Nürnberger Gesetze außer Kraft und verfügte, es sei keine deutsche Gesetzesregelung mehr anzuwenden, durch die »irgendjemand auf Grund seiner Rasse [...] Nachteile erleiden würde«. Der Rassebegriff verschwand damit aber nicht gänzlich aus dem Recht. Auf Druck der Alliierten gelangte »Rasse« in Artikel 3 Grundgesetz, um als Recht gegen Rassismus zukünftig zu verhindern, dass Menschen »wegen ihrer Rasse« diskriminiert werden. Doch die Vorstellungen der Väter und (vier) Mütter des Grundgesetzes waren Kinder ihrer Zeit, als sie über »Rasse« im Grundgesetz diskutierten. So war die Vorstellung von der Existenz unterschiedlicher menschlicher »Rassen« im Jahr 1948/49 im Parlamentarischen Rat noch Common Sense.

Auch im internationalen Recht wurden Abkommen geschlossen, die Diskriminierungsverbote wegen »Rasse und Hautfarbe« (Artikel 14 Europäische Menschenrechtskonvention von 1950) beziehungsweise wegen »der Rasse, der Hautfarbe, der Abstammung, dem nationalen Ursprung oder der ethnischen Herkunft«

(Artikel 1 UN-Rassismus-Konvention von 1965) enthielten. Was genau mit »Rasse« gemeint war, wer damit alles genau bezeichnet werden sollte und ob es biologische Unterschiede zwischen Gruppen von Menschen gäbe, die als »Rassen« bezeichnet werden könnten, war jeweils umstritten. Der Streit um »Rasse« als Rechtsbegriff wiederholte sich im Jahr 2000 bei der Verabschiedung der Rassismusrichtline 2000/43/EG der Europäischen Union. Staaten wie Großbritannien setzten auf die Formulierung »racial or ethnic origin«. Sie argumentierten, der Begriff entspräche dem gewöhnlichen Sprachgebrauch, sei international etabliert und notwendig, um klarzustellen, dass die genannte Richtlinie Rassismus bekämpfe. Andere Mitgliedstaaten waren gegen diese Sprachfassung, weil durch Nennung der Kategorie »Rasse« verbreitete biologistische Konzeptionen von rassialisierter Differenz legitimiert würden. Im Ergebnis der Debatte wurde die Formulierung »racial or ethnic origin« beibehalten, doch der Richtlinie wurde eine Erklärung vorangestellt: »Die Europäische Union weist Theorien, mit denen versucht wird, die Existenz verschiedener menschlicher Rassen zu belegen, zurück.«

In der Praxis erweist sich diese Formulierung als wenig klarstellend, denn es fehlt eine Erklärung, was »Rasse« im rechtlichen Sinne bedeutet, wenn »Rassen« nicht existieren. Deshalb gingen die Mitgliedstaaten in der Umsetzung der Richtlinie unterschiedliche Wege: Deutschland hielt im Jahr 2006 für Paragraph 1 Allgemeines Gleichbehandlungsgesetz am Rassebegriff fest und formulierte ergänzend »Rasse und ethnische Herkunft«. Estland und Lettland verwenden zusätzlich »Hautfarbe«, Belgien nutzt »vermeintliche Rasse«, Österreich »ethnische Zugehörigkeit«, Finnland »ethnische und nationale Herkunft«, Norwegen und Schweden »Ethnizität«. Die Formulierung in Paragraph 1 Allgemeines Gleichbehandlungsgesetz war für das

Deutsche Institut für Menschenrechte und Organisationen wie die Initiative Schwarzer Menschen in Deutschland dann Anlass, die Ersetzung des Begriffs »Rasse« in Gesetzen durch die Formulierung »rassistisch« zu fordern. »Rasse«, so die Kritik, spiele seit der Aufklärung »eine zentrale Rolle in der Legitimierung, Verbreitung und Normalisierung rassistischen Gedankenguts«.

Unterschiedliche Geschichte, unterschiedliche Begriffe

In all diesen Fällen zeigen sich unterschiedliche Begriffstraditionen, die auch die aktuelle Debatte um »Rasse« im Grundgesetz kennzeichnen. Im angloamerikanischen Sprachraum hat der Begriff »race« eine lange, auch antidiskriminierungsrechtliche Tradition. Der Begriff »race« wird mit großer Selbstverständlichkeit, aber auch zumeist unhinterfragt, verwendet. Im kontinentaleuropäischen Verständnis ergibt sich der Bedeutungsgehalt des Begriffs bis heute stärker aus seiner essentialistisch-rassistischen Tradition. Das gilt insbesondere für jene europäischen Staaten, in denen nationalsozialistisches Rasserecht Anwendung fand. Hier sind auch Staaten und Gebiete in Ost- und Westeuropa, die im Zweiten Weltkrieg von Deutschland besetzt waren, sowie Staaten mit eigenen faschistischen Regierungen zu nennen. Der Sieg über den Nationalsozialismus beendete die offizielle Erfassung von »rassischen« Kategorien durch den Staat. Eine mit dem Zensus in Großbritannien oder den USA vergleichbare Erfassung »rassischer« Daten zu Gleichstellungszwecken gibt es in der Bundesrepublik Deutschland nicht.

Ebenso wenig kam es im deutschsprachigen Raum bisher zu einer antirassistischen Aneignung des Begriffs »Rasse« im Sinne einer Critical Race Theory, die »race« als sozial hergestellte Kategorie verstanden wissen will. Vielmehr halten sich im Alltags-

wissen und im deutschen Rechtsdiskurs immer noch biologistische Vorstellungen über vermeintliche Unterschiede zwischen
Gruppen von Menschen. In der juristischen Fachliteratur finden
sich noch heute Begriffe wie »Farbige« oder »Mischlinge«, die
auf den deutschen Kolonialismus zurückgehen, und »Rasse«
wird oft als »Menschengruppe mit tatsächlichen oder vermeintlichen Merkmalen« definiert.

Schwerpunkt: rassistische Zuschreibungen

Nach weitverbreiteter Rechtsauffassung verbietet das Grundgesetz also eine abwertende Ungleichbehandlung wegen rassisch
definierter Merkmale wie zum Beispiel die Hautfarbe. Hier wird
verkannt, dass der Ausgangspunkt rassistischer Diskriminierung
nicht vermeintliche »rassische« Eigenschaften der davon Betroffenen ist, sondern rassistische Zuschreibungen. Diese gehen oft
auf über Jahrhunderte tradiertes, gesellschaftlich geteiltes Wissen über »die Anderen« zurück. Die Auswirkungen des Rasse-
begriffs zeigen sich auch in der Rechtsprechung, zum Beispiel
in verwaltungsrechtlichen Verfahren zum Racial Profiling durch
die Polizei. Die Kläger*innen, in der Regel Schwarze Deutsche,
beschreiben ihre Erfahrung als rassistische Diskriminierung. Die
Gerichte stellen auf den Rassebegriff ab und prüfen allein die
Hautfarbe der Kläger*innen. Mit dem rassistischen Gehalt der
polizeilichen Kontrollen, also den bewussten oder unbewussten
kriminalisierenden Zuschreibungen, die der Grund für ebendiese Kontrollen sind, und mit den dadurch entstehenden Stig-
matisierungen setzen sich die Gerichte nicht auseinander.
   Wichtig ist in diesem Zusammenhang auch, dass es bei Diskriminierung im Sinne des Grundgesetzes oder des Allgemeinen
Gleichbehandlungsgesetzes gerade nicht darauf ankommt, ob

die für die Benachteiligung verantwortliche Person diskriminieren wollte. Genau das kann aber die vom Bundesjustizministerium vorgeschlagene Formulierung »aus rassistischen Gründen« suggerieren. Der rechtliche Schutz muss aber auch »grundlose« Benachteiligungen, zum Beispiel ungewollte, unbewusste, indirekte und auf tradierte Regelungen zurückführbare Benachteiligungen und Ausschlüsse umfassen.

Die seitens der Grünen und Linken vorgeschlagene Formulierung »Niemand darf [...] rassistisch benachteiligt oder bevorzugt werden« verschiebt dagegen den Fokus rechtlicher Beurteilung sowohl von individueller Zugehörigkeit zu sozialer Zuschreibung als auch von subjektiven Erwägungen zur objektiven Benachteiligung. Der Schutzbereich des Begriffs »rassistisch« ist sogar weiter als der des Begriffs »Rasse«. Rassismus und auch Antisemitismus haben sich modernisiert, mit alten rassenbiologischen Vorstellungen wird immer weniger operiert. Der Begriff »rassistisch« ist auch besser als einzelne Kategorien wie »Rasse«, ethnische Herkunft und Religion dazu geeignet, intersektionale Diskriminierungsrealitäten wie antimuslimischen Rassismus oder Antisemitismus zu erfassen. Das Berliner Landesantidiskriminierungsgesetz ist dieser Einsicht bereits gefolgt und verbietet seit 2020 ausdrücklich Diskriminierungen wegen »rassistischer und antisemitischer Zuschreibungen«.

Grundgesetzänderung – viel mehr als bloße Symbolik

Eine Grundgesetzänderung würde ein klares und eindeutiges Zeichen setzen und das Problem Rassismus beim Namen nennen. Dies hat am 2. November 2020 auch das Bundesverfassungsgericht getan, das im Zusammenhang mit einem Verfahren wegen rassistischer Äußerungen eines Betriebsrates entschied:

Artikel 3 Grundgesetz schützt vor »rassistischer Diskriminierung«. Doch um Diskriminierung nachhaltig abzubauen, reicht das noch nicht aus. Die Gesetzesvorschläge von Grünen und Linken enthalten deshalb auch einen staatlichen Schutz- und Förderauftrag zur Bekämpfung von strukturellem Rassismus. Damit sollen auch positive Maßnahmen, zum Beispiel Quotenregelungen für Menschen mit Migrationsgeschichte und/oder Rassismuserfahrungen, verfassungsrechtlich abgesichert werden.

Verfahren: Bundesministerium für Justiz und Verbraucherschutz, Entwurf eines Gesetzes zur Ersetzung des Begriffs »Rasse« in Artikel 3 Absatz 3 Satz 1 des Grundgesetzes vom 1. Februar 2021; Bundestagsfraktion DIE LINKE, Entwurf eines Gesetzes zur Änderung des Grundgesetzes vom 1. Juli 2020, Bundestags-Drucksache 19/20628; Bundestagsfraktion Bündnis 90/Die Grünen, Entwurf eines Gesetzes zur Änderung des Grundgesetzes vom 18. November 2020, Bundestags-Drucksache 19/24434; Bundesverfassungsgericht, Beschluss vom 2. November 2020, Aktenzeichen 1 BvR 2727/19.

Literatur: Cengiz Barskanmaz/Nahed Samour, Das Diskriminierungsverbot aufgrund der Rasse, Verfassungsblog vom 16. Juni 2020, abrufbar unter www.verfassungsblog.de; Hendrik Cremer, Das Verbot rassistischer Diskriminierung. Vorschlag für eine Änderung von Artikel 3 Absatz 3 Satz 1 Grundgesetz, herausgegeben vom Deutschen Institut für Menschenrechte, Berlin 2020, abrufbar unter www.institut-fuer-menschenrechte.de; Initiative Schwarze Menschen in Deutschland, Positionspapier der ISD zum Begriff »Rasse«, Berlin 2015, abrufbar unter www.isdonline.de; Doris Liebscher, Rasse im Recht – Recht gegen Rassismus. Genealogie einer ambivalenten rechtlichen Kategorie, Berlin 2021.

»Gemeinnützige« neurechte Kaderschmiede

Das »Institut für Staatspolitik« darf
weiter Steuern sparen

von Florian Nustede

Der von Götz Kubitschek und Erik Lehnert geleitete »Verein für Staatspolitik e. V.«, der hinter dem privaten »Institut für Staatspolitik« (IfS) steht, darf weiterhin den Status der »Gemeinnützigkeit« im Sinne der Abgabenordnung (AO) beibehalten. Das entschied das Finanzgericht Sachsen-Anhalt durch Urteil vom 23. April 2020. Als »gemeinnützig« und somit steuerlich begünstigt gelten Vereine, deren Tätigkeit darauf gerichtet ist, »die Allgemeinheit auf materiellem, geistigem oder sittlichem Gebiet selbstlos zu fördern«. Zuvor hatte das Finanzamt Merseburg dem Verein die Gemeinnützigkeit noch aberkannt. Das IfS inszeniert sich selbst als neurechter Thinktank und wirkt unter dem Label »unabhängiger politischer Bildungsarbeit« als zentraler Vernetzungsort der deutschsprachigen extremen Rechten. Gleichwohl sah das Gericht die Tätigkeit des Vereins, der unter der gleichen Adresse wie das »Institut für Staatspolitik« selbst, der angeschlossene rechte Antaios-Verlag sowie die neurechte Zeitschrift »Sezession« auf einem Rittergut in Schnellroda firmiert, als Förderung der Allgemeinheit an und hob die Entscheidung der Finanzbehörde auf. Somit kann der Verein auch in Zukunft seinen Unterstützer*innen steuerabzugsfähige Spendenquittungen ausstellen und weitere steuerrechtliche Vorteile in Anspruch nehmen.

Deutsche Finanzbehörden: Klare Kante gegen links?

Das konnten und können andere Vereine und Organisationen aufgrund jüngerer behördlicher und gerichtlicher Entscheidungen hingegen nicht mehr.

Der Vereinigung der Verfolgten des Naziregimes – Bund der Antifaschistinnen und Antifaschisten (VVN-BdA e.V.) wurde in einer skandalösen Entscheidung des Finanzamts Berlin vom 4. November 2019 die Gemeinnützigkeit nach Paragraph 51 Absatz 3 AO aberkannt. Es hatte für die Finanzbehörde ausgereicht, dass ein bayerischer Verfassungsschutzbericht die VVN-BdA lediglich als »linksextremistisch beeinflusst« gelistet hatte (ausführlich siehe hierzu *Mehmet Daimagüler* im Report 2020, S. 99 – 105). Erst nach massiven Protesten ruderte das Finanzamt schließlich im Frühjahr 2021 zurück und hat die Gemeinnützigkeit zunächst für 2019 und dann auch für die Vorjahre wiederhergestellt.

Der globalisierungskritischen Organisation Attac wurde wenig überzeugend der Status der Gemeinnützigkeit entzogen, weil sie eigene politische Zwecke verfolge, welche die verfolgten gemeinnützigen Zwecke überlagerten. So entschied zuletzt das Finanzgericht Hessen durch Urteil vom 26. Februar 2020. Nach Ausschöpfung des Rechtsweges hat Attac gegen den Entzug der Gemeinnützigkeit Ende Februar 2021 Verfassungsbeschwerde eingereicht: Ausgang offen. Das Finanzgericht Hessen jedenfalls folgte mit seinem Urteil einer zuvor ergangenen, weitreichenden Entscheidung des Bundesfinanzhofes aus dem Januar 2019. Dieser hatte äußerst enge Vorgaben zur Auslegung des gemeinnützigen Zwecks der politischen Bildung formuliert. Vorgaben, die das Finanzgericht Sachsen-Anhalts bei den neurechten Ideolog*innen um Kubitschek anscheinend als erfüllt ansah.

Sowohl über die genauen Gründe, die das Finanzamt Merseburg gegenüber dem »Verein für Staatspolitik« zur Aberkennung des bereits seit 2002 bestehenden Gemeinnützigkeitsstatus verleiteten, als auch über die Gründe, die das Finanzgericht Sachsen-Anhalt zur Aufhebung dieser behördlichen Entscheidung bewogen haben, ist indes wenig bekannt. Auf Anfrage mehrerer Medien zogen sich das Amt und auch das Gericht – wenig überzeugend – darauf zurück, dass man aus Gründen des Steuergeheimnisses nicht berechtigt sei, Auskünfte zu geben. Der Sprecher des Finanzgerichts Sachsen-Anhalt teilte der Zeitung »Junge Welt« mit, er dürfe »noch nicht einmal bestätigen oder dementieren, dass ein solches Verfahren anhängig war«. Der Anwalt des »Vereins für Staatspolitik« bestätigte auf Medienanfragen hin lediglich die gerichtliche Wiederherstellung des Status der Gemeinnützigkeit. Auf dem Blog der hauseigenen Zeitschrift »Sezession« informierte Götz Kubitschek schließlich in triumphalem Ton über die angeblichen Gründe für den zwischenzeitlichen Entzug der Gemeinnützigkeit: Das Finanzamt Merseburg habe »einen marginalen Formfehler« innerhalb der Vereinssatzung moniert, der Verein daraufhin »nachgebessert« und zugleich Beschwerde gegen die Entscheidung der Behörde eingelegt, das Finanzgericht Sachsen-Anhalt sei schließlich der Argumentation des Vereins gefolgt.

Statt politischer Bildung nur rechte Propaganda

Die Entscheidung des Gerichts ist im Ergebnis nicht nachvollziehbar. Dies gilt zunächst, wenn in Betracht gezogen wird, zu welchen Einschätzungen die Finanzbehörden und Finanzgerichte bei der Beurteilung der Gemeinnützigkeit von Attac und der VVN-BdA (stellvertretend für viele weitere eher linke Organisationen) gelangt sind. Des Weiteren wird sich mit Blick auf die spätestens seit 2010 zunehmend erstarkende neurechte Szene aber ohnehin nicht erschließen, wie der Trägerverein des »Instituts für Staatspolitik« als gemeinnützig im Sinne der Abgabenordnung gelten kann. Denn das Institut fungiert als ideologisches Zentrum und Vernetzungsstelle der Bewegung. Was sich in der Vereinssatzung des »Vereins für Staatspolitik« e. V. harmlos als »Pflege und Förderung der wissenschaftlichen Erforschung von Staat und Politik« oder »Förderung des akademischen Nachwuchses« durch unter anderem »Seminare, Tagungen und Vortragsveranstaltungen« liest, geriert sich in der Realität als regelmäßiges Stelldichein von Akteur*innen verschiedenster rechter Strömungen, darunter Mitglieder der rechtsextremen Identitären Bewegung und des ebenfalls vom Verfassungsschutz als Beobachtungsobjekt eingestuften völkischen AfD-»Flügels«. Diese Veranstaltungen sind ein Ort, an dem sich antidemokratische, rechtsextreme Kräfte bündeln, austauschen und den Kampf für eine »Kulturrevolution von rechts« planen und organisieren. Dort werden Mittel und Strategien einer Diskursverschiebung ersonnen und die neurechten Kader von morgen im Rahmen eines ethnopluralistischen Weltbildes ideologisch geschult.

Die wohlfeil in der Vereinssatzung formulierten Zwecke des »Vereins für Staatspolitik« mögen auf dem Papier also den Anschein erwecken, es handele sich bei seinem Wirken um legitime politische Bildungsarbeit im Sinne der Abgabenordnung. In der Praxis handelt es sich jedoch um rechte Vernetzungs- und Propagandaarbeit, die im Kern auf eine Abschaffung der demokratischen Gesellschaft zielt. Dass die an die verfolgten gemeinnützigen Zwecke geknüpften Anforderungen des Gesetzgebers vor diesem Hintergrund erfüllt sind, ist ausgeschlossen.

Zudem müssten die mit dieser Tätigkeit verknüpften rechtspolitischen Zielsetzungen, die der Verein offenkundig verfolgt, zu einem Wegfall der Steuerbegünstigung führen. Denn die Abgabenordnung knüpft in Paragraph 51 die Steuerbegünstigung einer Körperschaft an die Voraussetzung, dass diese »nach ihrer Satzung und bei ihrer tatsächlichen Geschäftsführung keine Bestrebungen im Sinne des Paragraphen 4 des Bundesverfassungsschutzgesetzes fördert und dem Gedanken der Völkerverständigung nicht zuwiderhandelt«. Dass behördliche Entscheidungsträger*innen nach eingängiger Prüfung zu dem Ergebnis gelangen können, das solche Bestrebungen beim »Verein für Staatspolitik« nicht erkennbar sind, ist ebenfalls nicht nachvollziehbar und kann auch als Ausdruck eines mangelnden politischen Willens gedeutet werden.

Mehr als ein rechtsextremer Verdachtsfall?

Die größte Bedrohung für den Gemeinnützigkeitsstatus des »Vereins für Staatspolitik« ergibt sich jedoch aus der Einstufung der Verfassungsschutzämter. Denn nach der Abgabenordnung wird auch vermutet, dass ein Verein keine Steuervergünstigungen erhalten darf, sobald er »im Verfassungsschutzbericht des Bundes oder eines Landes als extremistische Organisation aufgeführt« wird.

Diese Regelung ist grundsätzlich problematisch (siehe hierzu

Peer Stolle im Report 2020, S. 77–84). Denn sie legt zentrale, weitreichende Fragen wie die der Entziehung der Gemeinnützigkeit in die Hände von Entscheidungsträger*innen (wie ehemals zum Beispiel Hans-Georg Maaßen, Präsident des Bundesamtes für Verfassungsschutz von 2012 bis 2018), die nicht im politisch luftleeren Raum agieren und in den jährlichen Berichten nur ihre Schlüsse, nicht aber die Beweisführung veröffentlichen müssen. Das gilt auch, wenn ein Verdacht alleine für diese Vermutung nicht ausreicht und vielmehr die klare Einstufung der Körperschaft als extremistisch notwendig ist.

Aufgrund der gegenwärtigen Rechtslage stellt sich die Situation für den rechten Verein aber wie folgt dar: Zunächst hatte das Bundesamt für Verfassungsschutz im April 2020 bestätigt, dass die Behörde das »Institut für Staatspolitik« bereits als rechtsextremen Verdachtsfall führt, da »Anhaltspunkte für Bestrebungen gegen die freiheitlich-demokratische Grundordnung vorlägen«. Aus dem am 5. Oktober 2021 veröffentlichten Landesverfassungsschutzbericht Sachsen-Anhalts geht nun hervor, dass die Landesverfassungsschützer*innen einen Schritt weiter gehen und das »Institut für Staatspolitik« und somit auch den dahinterstehenden Trägerverein seit 2019 als »erwiesen rechtsextremistische Bestrebung« einstufen. Das hat zur Folge, dass der Verein ohne weitere Prüfung für den Veranlagungszeitraum als nicht gemeinnützig und damit auch nicht steuerbegünstigt anzusehen ist. Zur Abwendung des Verlustes der Gemeinnützigkeit bleibt dessen Anwälten nur noch die praktisch aussichtslose Möglichkeit, diese Vermutung zu widerlegen, wobei sie die volle Beweislast tragen.

Vorerst konnte Götz Kubitschek sich also darüber freuen, dass sein Verein nach der Entscheidung des Finanzgerichts Sachsen-Anhalt »hunderte Spendenquittungen rückwirkend ausstellen« konnte und sich zahlreiche Unterstützer*innen offensichtlich dazu bewogen fühlten, finanziell noch mal »kräftig nachzuwür-zen«. Es kann jedoch davon ausgegangen werden, dass diese Freude nicht lange anzuhalten vermochte.

Verfahren: Finanzgericht Sachsen-Anhalt, Urteil vom 23. April 2020; Hessisches Finanzgericht, Urteil vom 26. Februar 2020, Aktenzeichen 4 K 179/16; Bundesfinanzhof, Urteil vom 10. Januar 2019, Aktenzeichen V R 16/17; Finanzamt Berlin, Entscheidung vom 4. November 2019.

Literatur: Christian Fuchs, Rechtsextreme Denkfabrik wieder gemeinnützig, ZEIT ONLINE vom 8. Mai 2020, abrufbar unter www.zeit.de; Christina Müller, Braune Volksbildung mit Steuervorteil, Junge Welt vom 14. Mai 2020; Konrad Litschko, Im Verfassungsschutz-Visier, taz vom 23. April 2020.

Gefeuert wegen Zivilcourage

Wie ein engagierter Arbeitnehmer bei BMW
bestraft wurde – mit Billigung der Justiz

von Laurens Brandt

Diskriminierung und Diskussionen darüber machen vor der Arbeitswelt keinen Halt. Dies kann zu Konflikten unter Kolleg*innen führen und zwingt Arbeitgeber*innen, sich zu verhalten. Statt engagierte Kolleg*innen zu unterstützen, reagieren einige mit Abwehr. So etwa im Fall von Ronny F. Der Leiharbeitnehmer aus dem sächsischen Riesa war bei dem Münchner Autobauer BMW eingesetzt worden und hatte sich darüber beschwert, dass sich seine Kollegen derb rassistisch äußern würden. Nur zwei Tage später wurde er von seiner Einsatzstelle abberufen und erhielt vom Verleiher die Probezeitkündigung. Mit Unterstützung der Gewerkschaft ver.di ging er dagegen vor und hatte beim Arbeitsgericht Erfolg. Vermutlich lag es an seiner Rolle, die so gar nicht dem Klischee vom typischen Ostdeutschen entsprach, dass sich der Fall regen Interesses in der Presse erfreuen konnte.

Leider blieb die schöne Geschichte ohne Happy End. Das Landesarbeitsgericht entschied in zweiter Instanz anders und wies die Klage gegen die Kündigung ab, Ronny F. verlor seinen Job endgültig. Ähnlich erging es einem Arbeitnehmer in Frankfurt am Main, dem sein Arbeitgeber kündigte, nachdem dieser sich über eine rassistische Karikatur beschwert hatte. Beide Fälle erinnern an ein Muster, das von Auseinandersetzungen um rechte Aufmärsche bekannt ist: Probleme bekommen oft nicht diejenigen, die sich menschenverachtend äußern, sondern diejenigen, die sich dagegen wehren und damit »Ruhe und Ordnung« stören.

Das Grundproblem: Unsichere Arbeitsverhältnisse

Dass Arbeitgeber*innen überhaupt so vorgehen können, hat mit der Ausbreitung prekärer Arbeit zu tun. Denn bei Arbeitnehmer*innen, die unter das Kündigungsschutzgesetz fallen, braucht es einen Kündigungsgrund. Ein solcher kann zwar auch im Verhalten liegen, wenn damit Pflichten aus dem Arbeitsvertrag verletzt werden. Das Einschreiten gegen diskriminierende Äußerungen von Kolleg*innen dürfte aber kaum hierunter fallen. Zudem trifft die Beweislast den oder die Arbeitgeber*in.

Anders stellt sich dies dar, wenn das Kündigungsschutzgesetz keine Anwendung findet, etwa während der Probezeit oder in Kleinbetrieben. Hier braucht der oder die Arbeitgeber*in keinen Kündigungsgrund, und es gibt einen bloß rudimentären Schutz. Die Kündigung ist zwar unwirksam, wenn sie eine sogenannte Maßregelung ist, also eine Bestrafung des oder der Arbeitnehmer*in dafür, dass sie zulässig eigene Rechte ausgeübt hat. Nach der Rechtsprechung muss die Wahrnehmung der Rechte aber das Hauptmotiv des oder der Arbeitgeber*in für die Maßregelung sein. Dies muss die Arbeitnehmer*innenseite darlegen und im Zweifel auch beweisen. Für Betroffene ist dieser Beweis kaum zu führen, denn die tatsächlichen Motive liegen in der Sphäre der Vorgesetzten und sind ihnen somit nicht bekannt.

Wenn die Verantwortlichen sich dann nicht versehentlich selbst verraten oder andere Arbeitnehmer*innen, die damit befasst sind, als Zeug*innen auftreten, können sich Betroffene nur auf äußere Anhaltspunkte berufen.

Ähnlich ist die Lage in anderen unsicheren Jobs. Etwa bei befristet beschäftigten Arbeitnehmer*innen, die im Zweifel schlicht nicht verlängert werden. Oder bei Leiharbeitnehmer*innen, die der Verleiher von ihrem Arbeitsplatz beim Entleiher abziehen kann. Hat er dann keine andere Einsatzmöglichkeit für sie, kann er sie unter Umständen auch nach Ablauf der Probezeit aus betriebswirtschaftlichen Gründen kündigen. Dies betrifft seit längerem anhaltend viele Menschen, im Jahr 2019 etwa rund 2,3 Millionen befristete und 850000 Leiharbeitnehmer*innen. Sie alle sind in der Inanspruchnahme ihrer Rechte gehemmt. Dies betrifft vertragliche Ansprüche und gewerkschaftliches Engagement, aber eben auch die Meinungsäußerung gegenüber Kolleg*innen.

Der fast unmögliche Beweis einer Maßregelung

Vor diesem Hintergrund ist es umso bemerkenswerter, dass Ronny F. das kritische Gespräch mit den Kollegen suchte. Einer von diesen schaltete einen Vorgesetzten ein. Erst danach kam es zum Streit, worauf Ronny F. aufgebracht den Raum verließ und den Betriebsrat aufsuchte. Zwei Tage später erhielt er die Kündigung, worin das Arbeitsgericht eine Maßregelung erkannte.

Anders das Landesarbeitsgericht, das mit der für die Arbeitsgerichtsbarkeit ungewöhnlichen Ladung von sechs Zeugen Aufklärung schaffen wollte, ob die rassistischen Äußerungen, wie von Ronny F. geschildert, gefallen waren, nachdem der Verleiher dies in der Berufung erstmals bestritten hatte. Dies dementierten die Zeugen, die alle zusammen in der fraglichen Abteilung arbeiten. Damit war für das Gericht die Sache klar, und auch in der Presse wurde dies als Freispruch vom Vorwurf des Rassismus für BMW interpretiert. Nur: Dies stand überhaupt nicht zur Entscheidung. Die Frage war vielmehr, ob Ronny F. gemaßregelt wurde, weil er seine Rechte in Anspruch genommen hatte. Zu den in Frage kommenden Rechten zählen auch die Grundrechte. Das Gericht prüfte aber gar nicht erst, ob Ronny F. sich auf die mittelbar auch gegenüber dem Arbeitgeber wirkende Meinungsfreiheit berufen könne. Das Gericht fragte sich auch nicht, ob Ronny F. vom Arbeitgeber bestraft wurde, weil er sich beim Betriebsrat beschwert hatte. Dieses Verbot gilt ausdrücklich auch für Leiharbeitnehmer*innen und selbst dann, wenn die Beschwerde unberechtigt ist. Dafür hatte der Arbeitgeber selbst zahlreiche Anhaltspunkte vorgetragen, worin die erste Instanz eine weitere Maßregelung erkannte. Das Landesarbeitsgericht berücksichtigte dies jedoch ebenfalls nicht. Folgerichtig kam es erst gar nicht zur Prüfung der Frage, ob die Beschwerde ursächlich für die Kündigung war, wofür aufgrund des unmittelbaren zeitlichen Zusammenhangs eine hohe Wahrscheinlichkeit sprach. Dass trotz derart vieler Anhaltspunkte kein Erfolg möglich war, zeigt die ganze Problematik. Denn das Gesetz verbietet zwar sogenannte Maßregelungen, doch diese können kaum gerichtsfest bewiesen werden.

Beweislasterleichterung für direkt von Diskriminierung Betroffene

Ein ähnlicher Fall betraf einen Verkäufer in Frankfurt am Main. An seinem ersten Arbeitstag wurde er als einziger schwarzer Mitarbeiter einer betrieblichen Chatgruppe hinzugefügt. In der

Nacht darauf postete ein Kollege in dieser Gruppe eine rassistische Karikatur, die sich gegen Schwarze richtete. Der Verkäufer beschwerte sich darüber bei seinem Vorgesetzten, der einerseits eine Abmahnung des Absenders ankündigte, den Beitrag aber andererseits als dummen Witz herunterspielte. Nach Rücksprache mit Freunden war der Verkäufer unsicher, ob er weiter für das Unternehmen arbeiten wolle, Gespräche über eine Auflösung des Vertrages gegen Zahlung einer Abfindung scheiterten jedoch. Daraufhin erhielt er die Probezeitkündigung, weil sein Verhalten mangelnde Loyalität erkennen lasse.

Vor Gericht hatte er jedoch Erfolg. Das Gericht sah die Kündigung als unzulässige Reaktion auf seine Kritik. Zugute kam dem Kläger dabei das Allgemeine Gleichbehandlungsgesetz, das unter anderem rassistische Diskriminierungen verhindern soll. Auch hier treten häufig Beweisprobleme auf. Aus diesem Grund ist im Gesetz eine Erleichterung für Betroffene vorgesehen: Es muss nicht die Benachteiligung bewiesen werden, sondern es genügt der Beweis von Tatsachen, die eine Benachteiligung vermuten lassen. Gelingt dies, trägt der oder die Arbeitgeber*in die Beweislast dafür, dass kein Verstoß vorgelegen hat. Diesen Beweis blieb das Unternehmen schuldig.

Diese Beweiserleichterung kommt neben unmittelbar Betroffenen auch Personen zugute, die sie unterstützen oder als Zeug*innen aussagen. Die Bedeutung der Unterstützung durch Dritte und deren Schutz für die effektive Bekämpfung von Diskriminierungen hat auch der Europäische Gerichtshof erst im Jahr 2019 erneut betont. Es muss aber nach dem Allgemeinen Gleichbehandlungsgesetz immer eine Benachteiligung einer konkreten Person geben, damit die beschriebene Erleichterung des Beweises greift.

Antidiskriminierung braucht alle –
alle brauchen Schutz

Diese Begrenzung bringt Probleme mit sich. Der Schutz aller Menschen vor Diskriminierung ist ein allgemeines Menschenrecht und vielfach im Völker-, Europa- und deutschen Recht normiert. Um diesem Ziel näher zu kommen, reicht es nicht, in Einzelfällen einzuschreiten. Voraussetzung ist vielmehr ein Grundkonsens in der Arbeitswelt, dass derartige Äußerungen – ebenso wie Benachteiligungen beim Lohn oder der zugewiesenen Arbeit – nicht hingenommen werden. Dafür braucht es viele, die sich engagieren. Darüber hinaus erscheint es unzumutbar, gerade die konkret Betroffenen und ihre Unterstützer*innen im Kampf gegen Diskriminierung alleinzulassen. Möchte man aber erreichen, dass andere Zivilcourage zeigen, dann braucht es auch effektiven rechtlichen Schutz für diese. Gelingen kann dies durch das Zurückdrängen unsicherer Arbeitsverhältnisse. Die Gerichte sind gefordert, die Augen nicht vor Indizien für Benachteiligungen zu verschließen. Die Rechtsprechung könnte es zudem genügen lassen, dass das Wahrnehmen eigener Rechte zusammen mit anderen Gründen zur Kündigung motiviert hat, anstatt den Beweis zu fordern, dass es deren Hauptursache war. Besser wäre aber eine allgemeine gesetzliche Regelung, die den Beweis von Maßregelungen erleichtert.

Verfahren: Landesarbeitsgericht München, Urteil vom 15. September 2020, Aktenzeichen 7 Sa 186/19; Arbeitsgericht München, Urteil vom 1. März 2019, Aktenzeichen 33 Ca 8894/18; Arbeitsgericht Frankfurt am Main, Urteil vom 19. November 2019, Aktenzeichen 24 Ca 5275/19; Europäischer Gerichtshof, Urteil vom 20. Juni 2019, Aktenzeichen C-404/18.

Literatur: Susanne Wimmer, Rassismusvorwurf gegen BMW nicht bestätigt, Süddeutsche Zeitung vom 15. September 2020, abrufbar unter
www.sueddeutsche.de.

Deal mit Neonazis

Das abgekartete Urteil im Thüringer
Ballstädt-Prozess

von Antonie Rietzschel

Am Ende zeigte sich Sabine Rathemacher wütend. Von einem
»Angriff auf die Demokratie« sprach sie da. Es war ein emo-
tionaler Ausbruch einer Richterin, wie er selten zu erleben ist.
Im provisorisch hergerichteten Gerichtssaal auf dem Erfurter
Messegelände holte Rathemacher zum Rundumschlag aus. Aber
der richtete sich nicht gegen die neun Neonazis, die die Große
Strafkammer gerade wegen gefährlicher Körperverletzung zu
Bewährungsstrafen verurteilt hatte – sondern gegen Neben-
klage, Politik und Medien. Gegen jegliche Kritik am Vorgehen
der Staatsanwaltschaft und des Gerichts in diesem Verfahren.
Gegen den Vorwurf, die Justiz sei auf dem rechten Auge blind.

Um das Ausmaß dieses Falls zu verstehen, muss man zurückgehen in die frühen Morgenstunden des 9. Februar 2014. Damals
herrschte im Kulturhaus von Ballstädt Partystimmung. Das Bier
floss, der Schnaps auch. Die Feier sollte ein Dankeschön sein für
alle, die bei der Kirmes geholfen hatten. Weit nach Mitternacht
stürmte plötzlich ein Mann in den Saal. Er trug eine Totenkopfmaske und brüllte: »Wer hat unsere Fensterscheibe eingewor-

fen?« Eine Antwort wartete er erst gar nicht ab, schlug sofort einen der Feiernden nieder. Weitere Männer folgten und prügelten auf die Kirmesgesellschaft ein. Zwei bis drei Minuten dauerte der Angriff, so erinnerten sich später die Betroffenen. Zurück blieben zerschlagene Glasflaschen, umgekippte Tische, Blut auf dem Eichenparkett – und insgesamt zehn Verletzte.

Vorwürfe gegen die »Allianz gegen Rechts«

Einige der Täter wohnten nur 150 Meter vom Tatort entfernt in einem lang gezogenen Gebäude. Die Ballstädter nennen es wegen des Fassadenanstrichs das »Gelbe Haus«. Schon im Sommer 2013 hatten Neonazis die alte Bäckerei gekauft und dort Partys organisiert. Dagegen taten sich einige Dorfbewohner zu einer »Allianz gegen Rechts« zusammen, organisierten Konzerte, auch Demonstrationen. Einmal liefen 300 Menschen durch Ballstädt, an der Spitze die damalige Bürgermeisterin gemeinsam mit Politiker*innen von der Linken bis zur CDU. Sie trugen ein Transparent mit dem Schriftzug: »Ballstädt steht auf«.

Diesen Umstand griff die Thüringer Justiz nun auf eigenwillige Weise auf: Als der Überfall auf die Kirmesgesellschaft zum ersten Mal 2017 vor Gericht kam, verurteilte das Landgericht Erfurt zehn Neonazis wegen schwerer Körperverletzung zu Haftstrafen von bis zu drei Jahren und sechs Monaten, ein weiterer Angeklagter erhielt eine Bewährungsstrafe. In der schriftlichen Urteilsbegründung fand sich aber folgender Satz: Man müsse zugunsten der Angeklagten berücksichtigen, »dass die Tatbegehung durch die feindselige Haltung der Bewohner des Ortes Ballstädt (...) zumindest mitverursacht worden ist«. Als trügen die Ballstädter eine Mitschuld am Überfall auf das Kulturhaus, in dem sie gefeiert hatten.

Für die Schläger sollte es noch besser kommen. Sie legten Revision ein gegen das Urteil. Der Mann mit der Totenkopfmaske, Thomas Wagner, zeitweise Chef einer rechtsextremen Rockergruppe, wohnte weiterhin in Ballstädt – und schon bald gingen im Gelben Haus wieder polizeibekannte Neonazis ein und aus. Opfer und Täter begegneten sich auf der Straße, es kam zu Drohungen seitens der Täter. Anfang 2020 hob der Bundesgerichtshof das Urteil auf, weil die Beweise für eine Verurteilung nicht ausgereicht hätten. Und Thomas Wagner und seine Komplizen durften sich über eine sehr verhandlungsbereite Staatsanwaltschaft freuen. Um das Verfahren nicht länger hinauszuzögern, machte man den Angeklagten ein Angebot: Geständnisse gegen Strafminderung.

Im zweiten Anlauf fällt das Urteil milde aus

Absprachen zwischen Angeklagten und Staatsanwaltschaft sind bei Strafprozessen nicht ungewöhnlich. Was den Ballstädt-Deal aus Sicht von Opferverbänden und Nebenklageanwält*innen aber skandalös machte, war die Tatsache, dass während der erneuten Verhandlung wegen des Angriffs auf die Kirmesgesellschaft gegen drei der Angeklagten zeitgleich ein weiteres Verfahren wegen Geldwäsche und Drogenhandel lief. Auch war einer der Angeklagten, Marcus R., bereits mehrfach wegen Körperverletzung vorbestraft. Sein Bewährungshelfer attestierte ihm vor Gericht eine »nicht ungünstige« Sozialprognose. Kurz darauf wurde er wegen eines Sexualdelikts verhaftet.

Thomas Wagner, Marcus R. und die anderen präsentierten sich in der Verhandlung wie Männer, die machen können, was sie wollen, ohne echte Konsequenzen zu spüren. So sahen es die Betroffenen des Kirmes-Überfalls. Er sei irritiert, dass er noch einmal aussagen solle, obwohl der Ausgang des Verfahrens schon feststehe, sagte Fabrice S., als er am vierten Verhandlungstag vor Gericht erschien. »Es macht mir kein Vergnügen bei Leuten, die Geschädigte sind, noch mal nachzufragen«, sagte die Vorsitzende Richterin Sabine Rathemacher. Ihr gehe es jedoch darum, die Einlassungen der Angeklagten zu überprüfen.

Sie fragte aber auch immer wieder nach psychischen Belastungen der Betroffenen, vielleicht um ihnen die Chance zu geben, die Langzeitfolgen des Überfalls deutlich zu machen. Kaum jemand von ihnen wollte aber darüber reden, wohl um vor den Angeklagten keine Schwäche zu zeigen. Doch in manchen Gesichtern ließ sich ablesen, dass die Erinnerung an die Nacht noch gegenwärtig war. »Ich habe das mit mir selbst ausgemacht. Es ist besser, wenn ich die Nacht vergesse«, sagte ein Betroffener.

»Das hat mit rechter Gesinnung nichts zu tun«

Die Auftritte der Betroffenen spiegelten deren Wut und Enttäuschung wider, ihre Aussagen offenbarten aber auch das große Dilemma dieses Verfahrens. Niemand konnte die Täter eindeutig identifizieren, die Beweislage war zu dünn, um den Angeklagten die Tat einwandfrei nachzuweisen. Ohne ein Geständnis wären manche von ihnen sogar mit einem Freispruch davongekommen. Die Nebenklageanwält*innen warfen Gericht und Staatsanwaltschaft ein »abgekartetes Spiel« vor. »Dieses Verfahren stärkt die Nazi-Szene«, hieß es in einer Pressemitteilung, die die Nebenklageanwält*innen anstatt eines Plädoyers im Gerichtssaal verlasen.

Dieses Vorgehen, die Proteste, die breite Berichterstattung – das alles veranlasste die Vorsitzende Richterin Sabine Rathemacher wohl am Tag der Urteilsversverkündung, jede Zurückhaltung abzulegen. Sie sehe eine »mediale Stimmungsmache« gegen Gericht und Staatsanwaltschaft, erklärte sie. »Wer den Rechtsstaat angreift, muss seinen Standpunkt zur Haltung des freiheitlich-demokratischen Systems hinterfragen«, sagte Rathemacher mit lauter Stimme. Den Nebenklageanwält*innen warf sie vor, die Betroffenen des Kirmesüberfalls politisch zu instrumentalisieren.

Erst nach diesen heftigen Anwürfen stieg Rathemacher in die Urteilsbegründung ein. Die Angeklagten seien in der Nacht »alkoholisch enthemmt gewesen«. Wie ein »Rollkommando« seien sie über die Feiernden der Kirmesgesellschaft hergefallen. Unter den Folgen hätten die Betroffenen zu leiden. Bei jeder Kirmes oder Nachfeier müssten sie sich zurückerinnern an diesen einen Abend. Ein politisches Motiv könne sie indes nicht erkennen. Den Tätern sei es um Rache für das kaputte Fenster gegangen. »Das hat mit rechter Gesinnung nichts zu tun.«

Verfahren: Erstes Verfahren: Landgericht Erfurt, Urteil vom 24. Mai 2017, Aktenzeichen 3 KLs 590 Js 4436/14 jug; Revision: Bundesgerichtshof, Urteil vom 15. Januar 2020, Aktenzeichen 2StR 352/18; Landgericht Erfurt, Urteil vom 12. Juli 2021; Zweites Verfahren: Landgericht Erfurt, Urteil vom 12. Juli 2021, Aktenzeichen 6 KLs 590 Js 4436/14 jug.

Literatur: Eine ausführliche Dokumentation des Verfahrens mit Protokollen einzelner Prozesstage, herausgegeben von der Opferberatungsstelle ezra, abrufbar unter www.ballstaedt2014.org.

Verweigerte Gerechtigkeit

Ein Potsdamer Fall von Polizeigewalt
und Rassismus

von Laila Abdul-Rahman und Hannah Espín Grau

Die amputierte Fingerkuppe am Mittelfinger seiner rechten
Hand und zahlreiche Schreiben seiner Rechtsanwälte an die
Staatsanwaltschaft und das Polizeipräsidium in Potsdam sind
die sichtbaren Erinnerungen für Patrick Y. an die Gewaltanwendung, die der Schwarze Jugendliche in der Nacht vom 27. Oktober 2019 im Polizeigewahrsam in der brandenburgischen Landeshauptstadt erlitt. Dass Patrick Y. Opfer von rechtswidriger
Polizeigewalt geworden ist, räumt nach zweijährigem Rechtsstreit auch das Polizeipräsidium Potsdam ein. Das Ermittlungsverfahren wegen Verdachts der Körperverletzung im Amt gegen
den Beamten, der den Finger von Patrick Y. in dieser Nacht
zwischen Zellentür und Türrahmen einquetschte und dessen
Schreie nach Hilfe ignorierte, bis Patrick Y. bewusstlos wurde,
stellte die Staatsanwaltschaft Potsdam im Juni 2021 mit Zustimmung des Amtsgerichts Potsdam nach 19 Monaten ein. Die Einstellung erfolgte nach Paragraph 153a Strafprozessordnung gegen Zahlung einer Geldauflage in niedriger vierstelliger Höhe an
eine gemeinnützige Organisation. Gegen eine solche Einstellung

stehen keine Rechtsmittel mehr zur Verfügung. Auf der Grundlage des Einstellungsbescheides lehnte zudem das Landesversorgungsamt Brandenburg einen Antrag von Patrick Y. auf Versorgungsleistungen nach dem Opferentschädigungsgesetz ab. In einem Schreiben von Ende Juli 2021 bietet das Präsidium dem zum Tatzeitpunkt erst 18-Jährigen ein Schmerzensgeld in Höhe von 7500 Euro an – jedoch ohne Anerkennung einer Rechtspflicht und ohne Anerkennung einer posttraumatischen Belastungsstörung in Folge der Gewalterfahrung, die das Polizeipräsidium als »fahrlässiges Verhalten« eines Beamten bewertet.

Kaum Strafverfahren wegen rechtswidriger Polizeigewalt

In Deutschland erfolgt laut Statistik der Staatsanwaltschaft nur in 2 Prozent der Verfahren eine Anklage oder ein Strafbefehlsantrag gegen Polizeibeamt:innen wegen Gewaltausübung im Amt; mehr als 90 Prozent dieser Ermittlungsverfahren werden mangels hinreichenden Tatverdachts eingestellt. Auch Opportunitätseinstellungen wegen Geringfügigkeit oder unter Auflagen wie im Fall von Patrick Y. aus Potsdam sind mit knapp 4 Prozent sehr selten. Abgesehen davon weist das Verfahren im Hinblick auf Patrick Y. aber eine Reihe an Merkmalen auf, die für den justiziellen Umgang mit polizeilicher Gewaltanwendung im Kontext von Rassismus als typisch bezeichnet werden können.

Patrick Y. ist gerade 18 geworden, als er in der Nacht vom 27. Oktober 2019 von der Polizei in der Potsdamer Innenstadt in Gewahrsam genommen wird. Vorangegangen war der Ingewahrsamnahme eine verbale Auseinandersetzung zwischen zwei Gruppen von Jugendlichen, in der Patrick Y. und sein Freund rassistisch beleidigt worden waren. Obwohl die Situation wieder beruhigt ist, nehmen Polizeibeamte nur Patrick Y. zur Personalienfeststellung in Gewahrsam und begründen dies damit, dass er sich lediglich mit einer Krankenversicherungskarte habe ausweisen können, mit Pfefferspray gedroht, Betäubungsmittel bei sich geführt habe und zudem alkoholisiert gewesen sei. Die Bedrohung bestreitet Patrick Y., einen selbstgedrehten Joint und das Pfefferspray habe er der Polizei freiwillig ausgehändigt. Patrick Y. berichtet, dass er seine Mutter von der Polizeiwache aus anruft, diese bittet darum, ihren Sohn abholen zu dürfen, was abgelehnt wird. Als Patrick Y. seiner Mutter sagt, dass er aus rassistischen Gründen von der Polizei festgehalten werde, wird sein Anruf von einem Polizeibeamten unterbrochen. Seinen Angaben zufolge stolpert er, als er in die Gewahrsamszelle gestoßen wird und hält sich am Türrahmen fest. Die zugeworfene Zellentür klemmt seinen Mittelfinger ein. Patrick Y. ruft über einen längeren Zeitraum vergeblich um Hilfe und verliert nach einiger Zeit das Bewusstsein. Als er schließlich am nächsten Morgen ins Krankenhaus gebracht wird, müssen die Ärzte seine Fingerkuppe amputieren. Nachdem Patrick Y. Strafanzeige erstattet, leitet die nach dem Schichtwechsel diensthabende Beamtin ein Strafverfahren gegen einen Kollegen ein, das schließlich mit der Einstellung durch die Staatsanwaltschaft Potsdam im Juni 2021 endet.

Schwer nachweisbar: Institutioneller Rassismus

Patrick Y. ist sich sicher: So wie er wäre ein *weißer* Jugendlicher in der gleichen Situation nicht behandelt worden. Seine Erfahrungen zeigen strukturelle Probleme im Umgang mit polizeilicher Gewalt sowie die Auswirkungen von institutionellem Rassismus auf. Hinweise auf diese Wirkmechanismen ergeben sich auch aus der von der Deutschen Forschungsgemeinschaft geförderten Studie »Körperverletzung im Amt durch Polizeibeamt:innen«, für die 3373 Betroffene zu ihren Erfahrungen mit polizeilicher Gewalt befragt wurden, die sie als übermäßig bewerteten. Zudem wurden 63 Interviews mit Polizeibeamt:innen, Richter:innen, Staatsanwält:innen, Anwält:innen sowie Betroffenenberatungsstellen und Vertreter:innen betroffener Gruppen geführt. In der (nicht bevölkerungsrepräsentativen) Online-Befragung der Studie gaben 62 Prozent der befragten People of Color (PoC) an, sich während des durch sie geschilderten Vorfalls von der Polizei diskriminiert gefühlt zu haben, während dieser Anteil unter *weißen* Personen nur 31 Prozent betrug. 43 Prozent meinten, der Grund für die Ungleichbehandlung sei ihre Hautfarbe gewesen, unter *weißen* Befragten waren dagegen die politische Einstellung (58 Prozent) oder die Kleidung/das sonstige Aussehen (50 Prozent) die am häufigsten genannten Gründe. Nur in wenigen Fällen gibt es Belege für explizit rassistisches Verhalten der Beamt:innen, wenn diese sich etwa rassistisch äußern. Auch im Fall von Patrick Y. gibt es zwar Auffälligkeiten, die eine rassistische Dimension des Falls nahelegen, die von Polizei und Justiz aber auch anders interpretiert werden können. So hat etwa das Verwaltungsgericht Hamburg im November 2020 die Rechtswidrigkeit mehrerer anlassloser Identitätsfeststellungen eines Togolesen in einem sogenannten polizeilichen Gefahrengebiet festgestellt. Die Frage, ob die Maßnahmen auch deshalb rechtswidrig waren, weil die Polizeibeamt:innen ihre Entscheidung auch von der Hautfarbe des Klägers abhängig machten, wurde dabei aber offengelassen.

Patrick Y. gehört zu einer Minderheit von Betroffenen von übermäßiger polizeilicher Gewaltanwendung, die sich für eine Strafanzeige entscheiden. Dass die Ermittlungsverfahren in mehr als 90 Prozent der Fälle eingestellt werden, ist häufig auf Beweisschwierigkeiten zurückzuführen: Die Aussage der Betroffenen steht gegen die Aussagen von Polizeibeamt:innen, weitere Beweismittel fehlen oft. Grundsätzlich gilt für Verdachtsfälle von rechtswidriger Polizeigewalt: Ob dokumentierte Verletzungen auf einer rechtmäßigen Anwendung unmittelbaren Zwanges oder rechtswidriger Gewalt beruhen, lässt sich oft schwer feststellen. Steht außerdem noch der Verdacht rassistischer Diskriminierung im Raum, ist auch diese häufig schwer nachweisbar. Eine Auseinandersetzung damit findet – so wie im Fall von Patrick Y. – in den wenigsten Verfahren statt. Rassismus bleibt damit unbenannt, wenn justiziell nicht mit abschließender Sicherheit festgestellt werden kann, dass aus rassistischen Motiven gehandelt wurde. Ob ein Bewusstsein für rassistische Strukturen vorhanden ist, hängt maßgeblich davon ab, wessen Perspektive Anerkennung erfährt. Betroffene und ihre Anwält:innen berichten immer wieder davon, dass die polizeiliche Perspektive von der Staatsanwaltschaft, aber auch von Richter:innen übernommen wird oder als glaubwürdiger gilt. Institutioneller Rassismus lässt sich in einem einzelnen Verfahren nur schwer nachweisen.

Die Betroffenen hoffen vor allem auf eine Anerkennung des polizeilichen Fehlverhaltens und eine effektive Aufarbeitung, die ihnen jedoch – mit wenigen Ausnahmen – in den allermeisten Fällen von der Justiz verwehrt wird. Der Wunsch nach (Spezial-)Prävention ist der von Betroffenen am häufigsten genannte Grund für eine Strafanzeige, während der Wunsch nach Schmerzensgeld am seltensten genannt wird – und unter PoC sogar noch seltener (5 Prozent) als unter *weißen* Personen (27 Prozent). Auch Patrick Y. sagt, Ziel seiner Anzeige sei es gewesen, dass »keinem anderem mehr passiert, was mir passiert ist«.

Verfahren: Verwaltungsgericht Hamburg, Urteil vom 10. November 2020, Aktenzeichen 20 K 1515/17.

Literatur: Konrad Litschko, Ermittlungen gegen Polizisten beendet, taz vom 18. Juni 2021; Forschungsprojekt »Körperverletzung im Amt durch Polizeibeamt*innen (KviAPol)« der Ruhr-Universität Bochum, sämtliche Veröffentlichungen, abrufbar unter www.kviapol.rub.de; Statistisches Bundesamt, Staatsanwaltschaftsstatistik 2019, Sachgebiet 53 Gewaltausübung und Aussetzung durch Polizeibeamte (unveröffentlicht).

RECHTSTERRORISMUS

Ein Urteil, viele offene Fragen

Der Mordprozess im Fall Walter Lübcke

von Martin Steinhagen

Am 28. Januar 2021 gehen die Witwe von Walter Lübcke und seine beiden Söhne ein letztes Mal gemeinsam in den holzvertäfelten Saal 165 C. Sie haben viele der 45 Verhandlungstage hier verfolgt. An diesem Tag verkündet der 5. Strafsenat des Oberlandesgerichts Frankfurt am Main das Urteil über Stephan Ernst, den Mörder des Kasseler Regierungspräsidenten.

Walter Lübcke, lange Jahre CDU-Politiker und Landtagsabgeordneter, war im Herbst 2015 als Chef des Regierungspräsidiums plötzlich bundesweit zur Hassfigur im rechten Milieu geworden. Auf einer Bürgerversammlung hatte er das Grundrecht auf Asyl verteidigt und sich deutlich gegen Zwischenrufe von Störerinnen und Störern positioniert. Ein Videoschnipsel mit einem aus dem Kontext gelösten Zitat machte im Netz die Runde – es folgten Häme, Hetze, Drohungen.

Das rechtsterroristische Attentat auf Lübcke in der Nacht vom 1. auf den 2. Juni 2019 hat die Republik erschüttert. Nach den beinahe tödlichen Angriffen auf die Kölner Oberbürgermeisterin Henriette Reker 2015 und den Bürgermeister von Altena, Andreas Hollstein, 2017 wurde erstmals in der Geschichte der

Bundesrepublik ein hochrangiger Politiker von einem Rechtsterroristen ermordet.

»Von Rassismus getragene, völkisch-nationalistische Grundhaltung«

Angeklagt hatte die Bundesanwaltschaft nicht nur Stephan Ernst. Markus H., den Ernst aus der gemeinsamen Zeit in der Kasseler Neonazi-Szene kannte, wurde Beihilfe zum Mord und ein Verstoß gegen das Waffengesetz vorgeworfen. Stephan Ernst war zudem wegen des versuchten Mordes an einem jungen Iraker im Januar 2016 in Lohfelden bei Kassel angeklagt. Der Geflüchtete Ahmed I. war wenige Wochen nach seiner Ankunft in Deutschland auf offener Straße hinterrücks von einem Fahrradfahrer mit einem Messer niedergestochen worden und überlebte schwer verletzt. Er war just in jener Unterkunft untergebracht, über die Lübcke auf jener Bürgerversammlung informieren wollte. Die Tat blieb lange unaufgeklärt. Erst nach der Festnahme von Ernst wegen des Mordes an Walter Lübcke kam er für die Ermittler als möglicher Täter in Betracht, unter anderem weil ein Messer mit DNA-Spuren, die von I. stammen könnten, bei Ernst gefunden wurde. Ahmed I. hatte schon früh ausgesagt, dass er einen Neonazi hinter dem Angriff vermutete.

Der 5. Strafsenat (Staatsschutzsenat) des Oberlandesgerichts in Frankfurt am Main war nach der Hauptverhandlung, die im Sommer 2020 begonnen hatte, nicht von allen Anklagepunkten überzeugt. Für das Gericht ist Stephan Ernst, der einer »völkisch-nationalistischen, von Rassismus und Fremdenfeindlichkeit geprägten Grundhaltung« verhaftet sei, ein Alleintäter. Er habe nach der Bürgerversammlung seinen Hass immer mehr auf Lübcke projiziert und ihn schließlich aus etwa eineinhalb Meter

Entfernung erschossen. Damit habe er den CDU-Politiker, der nichtsahnend auf seiner Terrasse saß, für seine Haltung in der Flüchtlingspolitik bestrafen und andere davon abhalten wollen, sich für eine »Politik der Weltoffenheit« einzusetzen, heißt es in der mündlichen Urteilsbegründung. Das Gericht verurteilt Ernst zu einer lebenslangen Freiheitsstrafe und erkennt eine besondere Schwere der Schuld, weil seine rechtsradikale Gesinnung das »überlagernde Motiv« gewesen sei. Markus H. aber verlässt den Gerichtssaal an jenem Tag im Januar 2021 als freier Mann. Das Gericht zweifelt, auch wegen variierender Aussagen von Ernst, an seinen konkreten Tatbeiträgen. Er wird weder, wie angeklagt, für Beihilfe zum Mord an Lübcke noch als Mittäter verurteilt. Die Familie von Walter Lübcke hingegen zeigt sich nach Prozessende von seiner Mittäterschaft überzeugt. H. erhält eine zur Bewährung ausgesetzte Haftstrafe von einem Jahr und sechs Monaten wegen unerlaubten Waffenbesitzes einer nicht ausreichend unbrauchbar gemachten Maschinenpistole (siehe dazu den Beitrag von *Benjamin Rusteberg* im Report 2020, S. 263–269). Freigesprochen wird auch Stephan Ernst, jedenfalls vom Vorwurf des versuchten Mordes an Ahmed I. Es würde an »tragfähigen Beweismitteln« mangeln, heißt es, die DNA-»Mischspur« und andere Indizien der Anklage nicht für eine Verurteilung ausreichen.

Rechtsextreme Netzwerke waren kein Thema

»Der Nebenkläger I. wird mit einem Freispruch bezüglich des Mordversuches gegen ihn vom Gericht im Stich gelassen. Gerechtigkeit, eine Entschuldigung für den Umgang der Polizei mit ihm, die Aufklärung der Straftat gegen ihn, wird ihm verweigert«, hatte der Anwalt von Ahmed I., Alexander Hoffmann, in seinem Plädoyer vorgetragen. Und ein Sprecher der Familie Lübcke sagte später, es sei für die Angehörigen »außerordentlich schmerzlich«, dass H. nicht verurteilt worden sei. Man wolle »keinerlei Gerichtsschelte« betreiben, aber es sei nicht alles ausgeschöpft worden, um dem nachzugehen, wovon die Familie Walter Lübckes überzeugt sei: dass beide Angeklagte für den Mord verantwortlich seien.

Der Vorsitzende Richter Thomas Sagebiel richtete sich vor seiner Urteilsbegründung mit einer Bemerkung wohl auch an die Öffentlichkeit: Ein Gericht habe die Taten zu verfolgen, die Gegenstand der Anklage seien, sagte er. Deswegen habe man sich auch nicht mit »rechtsextremen Netzwerken« befasst, soweit sie mit der unmittelbaren Tat nichts zu tun hätten. Draußen vor dem Gericht stehen am Tag der Urteilsverkündung auch Demonstrierende, die genau das kritisieren. Am Ende des Prozesses bleibt Ungeklärtes. »Nicht auf alle Fragen wurden Antworten gefunden«, hatten auch die Vertreter der Bundesanwaltschaft im Plädoyer betont. Und das trifft nicht nur auf das zu, was unmittelbar Gegenstand des Verfahrens war.

Da ist etwa die Frage, was Stephan Ernst, vielleicht mit bislang Unbekannten, nach dem Attentat noch geplant hat. Statt die Tatwaffe zu entsorgen, hat er sie mit seinen anderen Waffen in einem Erddepot auf dem Gelände des Unternehmens, für das er arbeitete, versteckt. Die Waffen waren so präpariert, dass sie der Feuchtigkeit standgehalten hätten und einsatzfähig gewesen wären, wenn man sie ausgegraben hätte. Sollte der Mord der Auftakt zu einer Serie werden? War das Depot für einen »Tag X« bestimmt? Wer wusste davon?

Das alles führt zur Frage nach möglichen Mitwisserinnen und Mitwissern und dem Arbeitsumfeld von Ernst. Da gab es einen Kollegen, der von ihm Waffen kaufte und zu Hause eine Sammlung von NS-Devotionalien angelegt hatte. Über ihn hat Ernst ausgesagt, er habe Schmiere gestanden, als er seine Waffen vergrub. Der Mann bestreitet das vehement und aus Sicht des Gerichts auch überzeugend. Auch einem weiteren Kollegen hat Ernst einen Revolver verkauft. Gab es andere, die mitbekamen, wie Ernst aufrüstete, oder sich daran beteiligten?

Und was ist mit dem Bekannten von Markus H., ebenfalls langjähriger Aktivist der hessischen Neonazi-Szene, der seine Chats mit Ernst nach dem Mord an Lübcke gelöscht hatte?

Im Ungefähren bleibt bislang auch der Weg der Waffen. Die Ermittlungen gegen den Mann, den Ernst als Waffenhändler belastet hat, liegen seit 2020 bei der Generalstaatsanwaltschaft in Düsseldorf. Im Mai 2021 erhob die Behörde Anklage gegen den 65-Jährigen aus dem Kreis Höxter in Ostwestfalen wegen fahrlässiger Tötung und Verstöße gegen das Waffengesetz.

Beim Generalbundesanwalt wird auch nach dem Urteil in Frankfurt am Main wegen des Mordes an Walter Lübcke noch ein Verfahren gegen Unbekannt geführt. Noch ist die Suche nach möglichen Unterstützerinnen oder Unterstützern jedenfalls nicht eingestellt. Ähnlich ist es auch beim NSU-Komplex: Obwohl die Bundesanwaltschaft seit Ende 2011 gegen neun namentlich bekannte Helferinnen und Helfer aus dem Neonazi-Netzwerk des NSU unter anderem wegen Unterstützung einer terroristischen Vereinigung nach Paragraph 129a Strafgesetzbuch ermittelt, wurde gegen keinen der Verdächtigen bislang Anklage erhoben. Im Hessischen Landtag befasst sich seit März 2021 ein Untersuchungsausschuss mit der Arbeit der hessischen Strafverfolgungs- und Sicherheitsbehörden und geht letztlich der Frage nach, ob der Mord an Walter Lübcke hätte verhindert werden können.

Rechter Terror wird vielschichtiger

Rechter Terror hat in den vergangenen Jahrzehnten verschiedene Formen angenommen und unterschiedliche Taktiken verfolgt. Da gibt es die »Generation Terror« mit Tätern wie Stephan Ernst, die in den 1990er Jahren nach dem Fall der Mauer politisch sozialisiert wurde, inzwischen zwischen 40 und 50 ist, vielleicht einige Jahre eher unauffällig lebte, aber durch bestimmte Auslöser zu mobilisieren ist. Täter stammen aber mitunter auch aus einem viel breiteren radikal rechten Milieu als der militanten Neonazi-Szene. Zu den alten Strukturen kommen zudem neue klandestine Netzwerke. Es gibt junge und alte Attentäter, die sich ohne direkte Anbindung oder feste Mitgliedschaft in einer Gruppe zu einer Tat entscheiden, die – wie der Attentäter von Halle (Saale) 2019 oder der OEZ-Attentäter von München 2016 – vor allem online auf Gleichgesinnte treffen und sich hier in ihrem rassistischen Hass, ihren Terrorplänen und Amokphantasien gegenseitig bestärken. Es gibt international vernetzte, nihilistische Todeskulte wie die »Atomwaffen Division« oder eine Art »Wutbürgerterrorismus«, der sich mitunter aus lokalen rassistischen Protestbewegungen entwickelt. Und den Weg von der Chatgruppe zur Terrortruppe legen manche atemberaubend schnell zurück.

Zugleich gilt, was die Nebenklägerinnen und Nebenkläger dem Attentäter von Halle im Gerichtssaal ins Gesicht sagten, was bereits zuvor Angehörige der vom NSU Ermordeten deutlich gemacht und was Familie Lübcke und Ahmed I. durch ihre Präsenz im Gerichtssaal gezeigt haben: Rechter Terror scheitert. Die Taten hinterlassen Wunden, die teils nie vernarben. Die Leben der Opfer sind verloren. Die Täter mögen sich als Märtyrer im Widerstand wähnen, manche sich brüsten, manche Reue bekunden, aber ihrem eigentlichen politischen Ziel, einem Umsturz, einem »Rassenkrieg«, kommen sie mit aller Gewalt bislang nicht näher. Jedenfalls solange die Gesellschaft, aber auch Strafverfolgungsbehörden und Gerichte, sie nicht lassen.

Verfahren: Oberlandesgericht Frankfurt am Main, Urteil vom 28. Januar 2021, Aktenzeichen 5 – 2 StE 1/20 – 5a – 3/20.

Literatur: Martín Steinhagen, Rechter Terror. Der Mord an Walter Lübcke und die Strategie der Gewalt, Hamburg 2021; Plädoyer der Nebenklage von Ahmed I., abrufbar unter www.verband-brg.de/gerechtigkeit-und-aufklaerung-nach-dem-rassistischen-mordversuch-an-ahmed-i/.

Der Anschlag von Hanau

Die Polizei leugnet ihre Verantwortung

von Günter Frankenberg

Die Polizei im Rechtsstaat hat es nicht leicht: Je nach Lage Gefahren abwehren oder die Strafverfolgung aufnehmen, wirksam und verhältnismäßig, kann für sich genommen schwierig genug sein. Dann auch noch für etwaige Fehler einzustehen scheint Polizeikräfte, insbesondere ihre Führung, zu überfordern. In den Nachtstunden des 19. Februar 2020 wird Hanau zum Menetekel für die rechtsextremistischen Entwicklungstendenzen in dieser Republik sowie zum Beweis für misslungene Gefahrenabwehr, pflichtwidrige Strafverfolgung und hartnäckige Abwehr von Kritik. Bei dem Massaker von Hanau wurden Kaloyan Velkov, Fatih Saraçoğlu, Sedat Gürbüz, Vili-Viorel Păun, Gökhan Gültekin, Mercedes Kierpacz, Ferhat Unvar, Hamza Kurtović und Said Nesar Hashemi zu Opfern eines Mörders. Drei weiteren jungen Männern fügte er schwere Schussverletzungen zu. Der Täter: ein Rassist, der seine rechtsextremistische Gesinnung und xenophobe Paranoia zuvor im Internet ausgebreitet und auch der Staatsanwaltschaft in einer Strafanzeige offenbart hatte.

Der hessische Innenminister Peter Beuth verlor keine Zeit. Er lobte unmittelbar nach der Tat das Vorgehen der Polizei. In diesem Geist wies der Leiter der Polizeidirektion Main-Kinzig, Jürgen Fehler, im Frühjahr 2021 alle Kritik zurück und bekräftigte, die Polizei habe in jener Nacht »ihr Bestes getan«. Das erscheint voreilig, denn vier problematische Komplexe des Polizeieinsatzes zeichnen sich seit längerem ab und stellen Fragen nach der Verantwortung und Haftung der Polizei und des Bundeslandes. In mehreren Strafanzeigen und einem Verfahren wegen Amtshaftung sind die Mängelrügen betreffend den Einsatz der Polizei auf den Weg gebracht worden, nunmehr sollen sie in einem Untersuchungsausschuss des Hessischen Landtags untersucht werden.

Fluchtwege verschlossen

Der erste Komplex betrifft den abgeschlossenen Notausgang in der Arena-Bar, der mehreren Opfern und Verletzten zum Verhängnis wurde, da ihnen kein Weg offen stand, vor dem eindringenden Täter zu flüchten. Bei einem gewerblich genutzten Gastraum trifft die Aufgabe des Personen- und Brandschutzes nach dem Gaststättengesetz und der Gewerbeordnung in erster Linie den Betreiber und dann das Gewerbeaufsichtsamt. Daneben fällt die Abwehr von Gefahren (auch für Personal und Besucher:innen einer Bar) auch in den Aufgabenbereich der Polizei, jedenfalls soweit sie Kenntnis von einer Gefahrenquelle hat.

In der Arena-Bar wurden von der Polizei regelmäßig Personenkontrollen durchgeführt. Unstreitig war der Polizei bekannt, dass der Notausgang verschlossen war. Ob das Absperren des Notausgangs auf eine Anweisung oder Absprache mit der Polizei zurückgeht (um die Kontrollen zu erleichtern), ist umstritten. Vom Hessischen Innenminister wird dies, wie zu erwarten, zunächst zurückgewiesen: »Die hessische Polizei würde niemals

Anweisungen erteilen, die den Gesetzen zuwiderlaufen.« Die Logik: Was nicht sein darf, kann auch nicht sein.

Notruf nicht erreichbar

Der zweite Komplex betrifft die Notrufanlage der Polizei in Hanau. Nach dem ersten Anschlag in der Innenstadt, bei dem drei Personen getötet wurden, verfolgte Vili-Viorel Păun den Täter mit seinem Auto, um ihn von der Straße abzudrängen oder jedenfalls von weiteren Morden abzubringen. Während der Verfolgungsfahrt versuchte Vili-Viorel Păun dreimal, aber ohne Erfolg, die polizeiliche Notrufeinrichtung Hanau zu erreichen und die Polizei Hanau zu alarmieren. Auf dem Parkplatz vor der Arena-Bar wurde er vom Täter gestellt und buchstäblich in seinem Wagen hingerichtet. Wiederum hatte der hessische Innenminister zunächst nichts an den seit langem bekannten Mängeln der Notrufanlage Hanau – mit nur zwei Leitungen und keiner Überleitung zu einer Notrufzentrale (bei Überlastung) – auszusetzen. Erst nach nahezu einem Jahr rang sich der oberste Dienstherr und Verantwortliche für die Organisation des Notrufsystems zu dem Eingeständnis durch: »Es ist richtig, dass die Polizeistation nur eine begrenzte Anzahl von Anrufen in dieser Nacht entgegennehmen konnte. Eine Weiterleitung von vielen gleichzeitig eintreffenden Notrufen war zum Zeitpunkt der Tatnacht technisch nicht möglich.«

In ihrer Einstellungsverfügung der Ermittlungen, angestoßen durch die Strafanzeige der Eltern Păun, legte die Staatsanwaltschaft im Detail die organisatorischen Missstände dar und begründete materialreich ein Organisationsverschulden, das auch in der Klage auf Staatshaftung geltend gemacht wird. Freilich schließt dieser Ermittlungsbericht mit einer Pointe, die der

Logik der Fehlerleugnung, nicht aber staatsanwaltschaftlicher Ermittlung entspricht. Die Staatsanwaltschaft versucht, den Zusammenhang von Organisationsverschulden und Ermordung des mutigen Vili-Viorel Păun mit hypothetischen Überlegungen zu durchtrennen: Selbst wenn dieser die Polizei hätte erreichen können, wäre nicht ausgemacht, ob er sich an deren Warnung, die Verfolgung aufzugeben, gehalten hätte. Gegen das Strafverfahrensrecht bringt die Staatsanwaltschaft damit unter der Hand eine Hypothese zum Alternativverhalten ins Spiel, die in einem Ermittlungsbericht nichts zu suchen hat. Eine Pointe des Berichts: Zwar stellte die Staatsanwaltschaft ihre Ermittlungen gegen die Polizeikräfte in der Dienststelle Hanau I ein (gegen die sich die Anzeige nicht gerichtet hatte), legte aber – vielleicht unfreiwillig – ausführlich und materialreich die Aspekte des Organisationsverschuldens dar.

Hilfeleistungen unterlassen

Zum dritten Komplex. Nachdem er Vili-Viorel Păun ermordet hatte, drang der Täter in den Raum des Kiosks im Vorraum der Arena-Bar ein. Dort erschoss er Mercedes Kierpacz und Gökhan Gültekin. Auch Ferhat Unvar wurde angeschossen und konnte sich, wie sich aus der Video-Aufzeichnung erschließt, hinter den Tresen des Kiosks ziehen, wo er regungslos liegen blieb.

Die Polizei ist zur gesundheits- und lebensschützenden Hilfeleistung verpflichtet, bevor Notarzt und Sanitätsdienst eintreffen. Zur Erstversorgung gehören vor allem Wundversorgung, fachgerechte Lagerung des Körpers, Ruhigstellen von Knochenbrüchen oder die Stillung von Blutungen. Alles dies wurde bei Ferhat Unvar unterlassen. Die Videoaufzeichnung dokumentiert, dass Einsatzkräfte dreimal – ohne jemals die Vitalfunktionen zu prüfen – über ihn hinwegstiegen, um den Tatort gegen Blicke von außen abzuschirmen. Erst nach circa einer halben Stunde wurde diese Prüfung von einem Arzt vorgenommen. Nach den widersprüchlichen Angaben zum Todeszeitpunkt wären eine Feststellung der Vitalfunktion und Erstversorgung dringend notwendig gewesen: In einem Aktenvermerk des Polizeipräsidiums Südosthessen betreffend F. Unvar, Leichensache, wird als Todeszeit angegeben: »19.02.2020 gegen 21:50 Uhr«. Das wäre, genau genommen, bevor der Täter den Kiosk betreten hatte. In der Sterbeurkunde des Standesamts Hanau wird der Zeitpunkt, fast ebenso abwegig, auf 3:10 Uhr festgesetzt. Auch wenn man in Rechnung stellt, dass die Gesamtsituation die eine oder andere Beamt:in besonders belastet haben könnte, begründet selbst Überforderung keine Befreiung von den Amtspflichten. Ob Ferhat Unvar sofort oder später verstarb, ist insofern ebenfalls unerheblich: Unabhängig vom exakten Todeszeitpunkt gehören die Überprüfung der Vitalfunktionen und die Erstversorgung von Opfern einer Gewalttat zum Standard polizeilicher Amtspflichten. Sie sind unbedingt wahrzunehmen, zumal nicht völlig auszuschließen ist, dass Ferhat Unvar bei angemessener, rascher und ordnungsgemäßer Erstversorgung durch die Polizei und zeitnaher Weiterversorgung durch den Sanitätsdienst eine Überlebenschance gehabt hätte.

**Das Totenfürsorgerecht der Angehörigen
und die postmortale Würde der Opfer missachtet**

Die Opfer des Mordanschlags wurden noch am Morgen und am Nachmittag des 20.2.2020 obduziert. Die Staatsanwaltschaft ordnete die Obduktionen ohne nähere Begründung an. Als Zweck wurde durchweg angegeben: Klärung der Todesursache und Sicherung der Beweisführung. Das entspricht dem Grundsatz größtmöglicher Beschleunigung aus dem Strafprozessrecht. Dieser wäre bei einem Verbrechen mit unklarer Todesursache und drohendem Beweismittelverlust zu beachten gewesen, nicht aber bei einem Anschlag mit deutlicher Täteridentität, Video-Aufzeichnung des Tathergangs in der Arena-Bar und am Kiosk sowie zahlreichen Augenzeugen.

Auf das Recht der Angehörigen zur Totenfürsorge und die postmortale Würde der Opfer wurde von Polizei und Staatsanwaltschaft keine Rücksicht genommen. Obwohl Identität und Adresse der Angehörigen den Polizeikräften bekannt war, dauerte es zumeist Stunden, bis ihnen eröffnet wurde, ihr Sohn beziehungsweise ihre Tochter gehöre zu den Ermordeten. Auch die Anordnungen der Beschlagnahme beziehungsweise Sicherstellung der Leichen und deren Öffnung ergingen überwiegend ohne vorherige Anhörung der Angehörigen, denen auch Ort und Zeitpunkt der Obduktion in den meisten Fällen nicht mitgeteilt wurde. Die Behörden behaupten, einige Angehörige seien nicht erreichbar gewesen, andere seien angehört worden oder hätten der Obduktion zugestimmt.

Ein Minimum an Sensibilität für den kulturell-religiösen Hintergrund der Opfer und ihrer Angehörigen und ein minimales Verständnis von postmortaler Würde und Totenfürsorge hätte der Polizei bei der Vorbereitung der Obduktionen und der Staatsanwaltschaft bei deren Anordnung nahelegen müssen, die Angehörigen einzuschalten und zu befragen, nicht aber sie bis zu einer Woche in Unkenntnis zu lassen und sie dann mit einem von der Obduktion zerschnittenen Leichnam zu konfrontieren. Die Mutter eines der Opfer beschrieb, was in der Nacht nach dem Massaker geschah, als einen »zweiten Anschlag«.

Die vier Komplexe belegen ein vielgestaltiges Organisationsversagen der Polizei in der Tatnacht von Hanau und im Umgang mit den Betroffenen. Die Polizeiführung leugnet aber nicht nur Fehler und ihre Verantwortung, sie spielt auch auf Zeit. Durch den Verweis auf »schwebende Verfahren«, auch wenn sie nicht das Verhalten der Polizeikräfte in Hanau betreffen, sollen Kritiker:innen hingehalten, die Aufklärung verzögert und nach Möglichkeit verhindert werden.

Verfahren: Hessischer Landtag, Einsetzung eines Untersuchungsausschusses, Drucksache 20/6079 vom 1. Juli 2021; Einstellung des Ermittlungsverfahrens durch die Staatsanwaltschaft Hanau v. 6.7.2021.

Literatur: Gregor Haschnik, Hanau; Land soll für Polizei- und Behördenversagen haften – Angehörige erwägen Klage, Frankfurter Rundschau vom 25. März 2021.

SEXISMUS UND LGBTQIA*-FEINDLICHKEIT

Abstammungsrecht, letzte Bastion einer vergangenen Ära?

Queere Familien klagen ihre Rechte ein

von Lea Beckmann

Gesa und Verena Akkermann sind seit dem Studium ein Paar, inzwischen verheiratet, und haben sich gemeinsam entschieden, eine Familie zu gründen – und dafür eine Embryonenspende in Anspruch genommen. Nach der Geburt der gemeinsamen Tochter Paula trug das Standesamt aber nur Gesa Akkermann in die Geburtsurkunde ein, als alleinerziehende Mutter. Wäre Verena Akkermann ein Mann, dann wäre sie automatisch als Vater eingetragen worden. Denn das deutsche Familienrecht und die Rechtsprechung gehen bisher davon aus, dass das zweite Elternteil ein Mann sein muss.

Seit 1980 können Menschen in Deutschland ihren Geschlechtseintrag in einem – freilich aufwendigen und weiterhin diskriminierenden – Gerichtsverfahren nach dem Transsexuellengesetz korrigieren lassen. Seit 2013 können sie ihren Geschlechtseintrag zudem auch streichen und seit 2018 in »divers« ändern lassen. 2017 wurde schließlich die Ehe für alle eingeführt. Während andere Rechtsbereiche damit den veränderten gesellschaftlichen Vorstellungen und nachdrücklichen menschenrechtlichen Forderungen Rechnung getragen haben, ist das Abstammungsrecht gewissermaßen noch die letzte Bastion einer vergangenen Ära.

Trans Väter kämpfen um ihr Recht, Väter zu sein

Das Abstammungsrecht regelt im Bürgerlichen Gesetzbuch in den Paragraphen 1591ff. die rechtliche Zuordnung von Kindern zu ihren Eltern. Vorgesehen sind dort zwei Elternteile: Erster Elternteil ist die Person, die das Kind gebärt. Zweiter Elternteil ist eine Person, die mit dem ersten Elternteil verheiratet ist, die Elternschaft anerkennt oder die genetische Abstammung des Kindes gerichtlich feststellen lässt. Bereits der Name »Abstammungsrecht« ist hier missverständlich: Keineswegs folgen diese Regelungen in erster Linie einer genetischen Verwandtschaft. Stattdessen sollen sie die rechtliche Elternstellung mit ihren umfänglichen Pflichten nach Kindeswohlgesichtspunkten ausgestalten. Das tun sie auch – aber für die heteronormative Kernfamilie. So geht der Bundesgerichtshof in seiner Rechtsprechung noch immer vom »Ideal« einer Kernfamilie aus, in der Mann und Frau innerhalb der Ehe gemeinsame Kinder zeugen. Gesetzliche Anpassungen an die Ehe für alle und die dritte Option, also für Menschen mit Leerstelle oder »divers« als Geschlechtseintrag, fehlen. Das führt unweigerlich zu eklatanten Diskriminierungen queerer Familien.

Das Recht diskriminiert trans Väter: Noch bis zu einer Entscheidung des Bundesverfassungsgerichts im Jahr 2011 war es Voraussetzung für die Korrektur eines Geschlechtseintrags nach dem Transsexuellengesetz, dass die jeweilige Person fortpflanzungsunfähig war. Durch Sterilisation sollte sichergestellt werden, dass »die Abstammung eines Kindes nicht in Widerspruch zur biologischen Zeugung gerät«. Damit die staatliche Ordnung also nicht erodiert, weil Kinder etwa auch der Eizelle eines Vaters entstammen können, wurden Menschen vor die Wahl gestellt, in ihrem wahren Geschlecht zu leben oder Kinder und Familie haben zu können. Für diese offenkundigen Menschenrechtsverletzungen gibt es bis heute keine staatlichen Entschädigungen.

Wenngleich diese Regel überwunden ist, so lebt die ihr zugrunde liegende, an Biologie orientierte binäre Vorstellung von Vaterschaft und Mutterschaft in der aktuellen Rechtspraxis noch immer fort. Mit abstrusen und vor allem menschenrechtswidrigen Ergebnissen: Ein trans Mann, der ein Kind gebärt, wird bis heute mit dem abgelegten Namen und dem falschen Geschlecht als »Mutter« in der Geburtsurkunde eingetragen. Menschen mit Divers-Eintrag oder ohne Geschlechtseintrag betrifft das ebenfalls. Für diese Eltern heißt das, dass sie geoutet werden. Für ihre Kinder heißt es, dass in ihrer Geburtsurkunde eine Person vermerkt ist, die sie gar nicht kennen. Die Verfassungsbeschwerde eines trans Vaters, der als »Mutter« eingetragen wurde, hat das Bundesverfassungsgericht 2018 überraschend nicht zur Entscheidung angenommen. Alle Hoffnung ruht nun auf dem Europäischen Gerichtshof für Menschenrechte, bei dem das Verfahren noch anhängig ist.

Paula hat zwei Mamas

Ebenfalls gravierend ist die Diskriminierung bei der rechtlichen Zuordnung des zweiten Elternteils: Ist der erste Elternteil mit einem Mann verheiratet, wird dieser automatisch bei Geburt eines Kindes als »Vater« eingetragen. Bei unverheirateten heterosexuellen Paaren genügt für die Vaterschaftsanerkennung eines jeden x-beliebigen Mannes ein einfacher gemeinsamer Gang zum Standesamt. Für Männer gilt das unabhängig von der Frage der genetischen Abstammung, also auch dann, wenn ein Paar eine Samenspende in Anspruch genommen hat.

Frauen und auch Menschen ohne Geschlechtseintrag oder mit Divers-Eintrag hingegen bleiben außen vor. Der Bundesgerichtshof geht davon aus, dass als zweites Elternteil nur ein »Vater« in Betracht kommt. Und versteht unter »Vater« eine Person, deren Samenzelle zur Fortpflanzung beigetragen hat oder jedenfalls haben könnte. Das bedeutet: Ein Mann kann Vater werden unabhängig von der Frage, ob er das Kind gezeugt hat oder ob für die Zeugung zum Beispiel eine Samenspende genutzt wurde. Eine trans Mutter kann ebenfalls (nur) »Vater« werden: wiederum eine eklatante Grundrechtsverletzung, über die bald der Europäische Gerichtshof für Menschenrechte entscheiden muss. Aber Frauen und nichtbinäre Menschen, die sich gemeinsam mit Partner*innen für deren Schwangerschaft und ein Kind entscheiden, können weder »Vater« noch »Mutter« noch »Elternteil« werden. Nicht einmal dann, wenn das Kind genetisch mit dieser Person verwandt ist.

Diesen queeren Familien bleibt bisher nur die Möglichkeit, ihr eigenes Kind in einem langwierigen und völlig unpassenden Adoptionsverfahren zu adoptieren. Adoptionsverfahren sind dafür gedacht, dass ein Elternteil ein Kind abgibt und ein neues Elternteil es annimmt. Bei queeren Herkunftsfamilien, in denen sich ein Paar für ein Kind entschieden hat, passen die dafür vorgesehenen Verfahren offenkundig nicht. Weitere Personen, die als zweites Elternteil in Betracht kommen, gibt es oft nicht – gerade bei Samenspenden sind Elternrechte anderer meist ausgeschlossen. Dennoch werden auch diese Familien genau überprüft und vom Jugendamt bewertet. Das bedeutet stets übergriffige und oftmals abwertende Fragen: Wie sehen die Finanzen aus? Wie steht es um die Gesundheit? Besteht eine Bindung zum Kind? Wie wohnt das Paar, und wie entwickelt sich das Kind? Und: Kinder brauchen doch Väter. Wissen Sie denn wirklich nicht, wer der Vater ist?

Für die jungen Familien hat das fatale Folgen: Bis zum Adoptionsbeschluss bedeutet es, dass sie in Krisen rechtlich nicht geschützt sind. Das zweite Elternteil darf bei medizinischen Behandlungen nicht einwilligen, kann das Kind nicht zur Kita anmelden. Geht die Beziehung der Eltern in die Brüche, steht das erste Elternteil ohne finanzielle Unterhaltsansprüche mit dem Kind allein da. Das zweite Elternteil wiederum hat keinen sicheren Anspruch auf Umgang oder Sorge. Stößt dem ersten Elternteil etwas zu, ist ungewiss, in wessen Händen das Kind landet – das Kind gilt schließlich als Waise, über das Sorgerecht entscheidet ein Gericht. Und stößt hingegen dem zweiten Elternteil etwas zu, dann erbt das Kind nicht.

Gesa und Verena Akkermann und ihre Tochter Paula sowie etliche weitere Familien sind nicht bereit, diese Diskriminierung weiter zu akzeptieren. Sie klagen strategisch. Begleitet werden sie bei ihren Klagen von den Rechtsanwältinnen Lucy Chebout und Friederike Boll, der Initiative Nodoption und der Gesellschaft für Freiheitsrechte. In zwei der Verfahren haben die Familien damit nun eine kleine Sensation erreicht: Das Oberlandesgericht Celle und das Kammergericht Berlin haben die Verfahren ausgesetzt und dem Bundesverfassungsgericht vorgelegt. Anders als noch 2018 der Bundesgerichtshof sind beide Gerichte davon überzeugt, dass das Fehlen einer vergleichbaren abstammungsrechtlichen Regelung die Grundrechte der Familien verletzt. Derartige Vorlagebeschlüsse sind selten, auch weil sie für Gerichte mit viel Arbeit verbunden sind.

Adoption ist keine Option

Mit den Vorlagebeschlüssen haben nun auch hohe Gerichte zumindest in einem Punkt anerkannt, dass das deutsche Abstammungsrecht und die Rechtsprechung des Bundesgerichtshofs mit den Menschenrechten unvereinbar sind. Das ist als Erfolg kaum zu unterschätzen. Bislang hat aber vor Gericht noch keine der queeren Familien eine korrigierte Geburtsurkunde erstritten, die beide Eltern – und noch dazu im zutreffenden Geschlecht – ausweist. Angesichts der langen Verfahrensdauer kann es noch Jahre bis zum Abschluss der entscheidenden Gerichtsverfahren dauern.

Statt auf die Entscheidungen zu warten, sollte der Bundestag seiner Verantwortung gegenüber Grund- und Menschenrechten nachkommen und das Abstammungsrecht zeitnah umfassend reformieren. Dabei kann er insbesondere auf den Abschlussbericht des Arbeitskreises Abstammungsrecht von 2017 zurückgreifen, den das Bundesjustizministerium beauftragt hatte. Wichtig ist, dass die Gesetzgebung sich vom Kindeswohl leiten lässt und nach objektivierbaren, diskriminierungsfreien Kriterien diejenigen Menschen, die sich für ein Kind entscheiden und für dieses sorgen wollen, auch rechtlich als Eltern anerkennt. Neben biologischer Abstammung muss der Bundestag deshalb die zentrale Bedeutung der sozialen Elternschaft sicherstellen. Die genaue biologische Funktion eines Menschen ist für eine rechtliche Elternstellung gänzlich irrelevant. Zusätzlich sollten Gesetze auch solche Familien rechtlich schützen, in denen mehr als zwei Menschen Elternverantwortung übernehmen. Es ist Zeit, dass das deutsche Abstammungsrecht im 21. Jahrhundert ankommt.

Verfahren: Oberlandesgericht Celle, Beschluss vom 24. März 2021, Aktenzeichen 21 UF 146/20; Kammergericht Berlin, Beschluss vom 24. März 2021, Aktenzeichen 3 UF 1122/20; Bundesgerichtshof, Beschluss vom 10. Oktober 2018, Aktenzeichen XII ZB 231/18; Bundesgerichtshof, Beschluss vom 29. November 2017, Aktenzeichen XII ZB 459/16; Bundesgerichtshof, Beschluss vom 6. September 2017, Aktenzeichen XII ZB 660/14.

Literatur: Theresa Anna Richarz, Rechtliche Elternschaft jenseits der Geschlechternorm, in: Recht der Jugend und des Bildungswesens (RdJB) 2019, Heft 1, S. 53–69; Bundesministerium der Justiz und für Verbraucherschutz (2017), Abschlussbericht des Arbeitskreises Abstammungsrecht: Empfehlungen für eine Reform des Abstammungsrechts, abrufbar unter www.bmjv.de.

Geflohen vor sexualisierter Gewalt

Asylrichter*innen verharmlosen Verfolgung
von Frauen

von Marei Pelzer

Sexualisierte Gewalt gegenüber Frauen im eritreischen Militär-
dienst stellt keine geschlechtsspezifische Verfolgung dar – dies
entschied das Oberverwaltungsgericht Nordrhein-Westfalen im
September 2020. Das Gericht offenbart damit eine Ignoranz,
wenn es um die Fluchtursachen von Frauen geht. Es bestätigt
eine ganze Reihe von erstinstanzlichen Entscheidungen, die verfolgten Frauen aus Eritrea die Anerkennung als Flüchtling verweigert hatten.

Seit einiger Zeit wird der eritreische Zwangsdienst und die
Sanktionierung von Deserteur*innen durch die deutsche Rechtsprechung zunehmend verharmlost – dies trifft Frauen in dop-
pelter Hinsicht. Die besondere Form der sexualisierten Gewalt,
die sie als Frauen in dem Zwangsdienst erfahren, wird als völlig
unspezifisches Risiko heruntergespielt. Es fehle an der »Zielge-
richtetheit« der Verfolgungshandlung. Zwar seien Frauen im Nationaldienst aufgrund ihres Geschlechts in besonderer Weise sexuellen Übergriffen ausgesetzt. Das Gericht stellt jedoch sodann
die These auf, dass der Grund hierfür nichts mit der Geschlech-

terordnung zu tun hat. Die Organisation des Nationaldienstes und die Straffreiheit für die Täter, die diese Übergriffe ermöglichen, treffe in gleicher Weise die dienstverpflichteten Frauen und Männer und beruhe nicht darauf, dass Frauen als »andersartig« betrachtet würden. Dass sexualisierte Gewalt alle gleichermaßen trifft, ist jedoch völlig unbestritten. Laut verschiedenen Länderberichten sind nämlich die Frauen diejenigen, die im Nationaldienst einem massiven Risiko sexueller Gewalt durch ihnen militärisch vorgesetzte Personen ausgesetzt sind.

Die deutsche Rechtsprechung zur sexualisierten Gewalt gegen Frauen im eritreischen Nationaldienst ist Teil einer ganzen Reihe von Urteilen, in denen Menschenrechtsverletzungen, die ganz offensichtlich an das Geschlecht anknüpfen, nicht als geschlechtsspezifische Verfolgung anerkannt werden. Dabei werden auch kulturrelativistische Argumente benutzt, die feministische Kämpfe ausblenden und den universellen Gehalt von Menschenrechten in Frage stellen.

Flüchtlingsschutz für Frauen: theoretisch ja – praktisch nein?

Dass geschlechtsspezifische Verfolgung zur Flüchtlingsanerkennung führen kann, wurde bereits mit der Einführung des Zuwanderungsgesetzes im Jahr 2005 geregelt. Nach langen Kämpfen von Frauen- und Flüchtlingsorganisationen und mit Rückenwind durch die europäischen Asyl-Richtlinien wurde im deutschen Recht geschlechtsspezifische Verfolgung ausdrücklich als ein möglicher Verfolgungsgrund aufgenommen. Zuvor stand der Flüchtlingsanerkennung von Frauen oftmals die restriktive Auslegung des Asylgrundrechts durch das Bundesverfassungsgericht entgegen. Denn »politische Verfolgung« wurde darauf beschränkt, dass diese nur vom Staat ausgehen könne. Übergriffe durch private Akteure – zum Beispiel durch die eigene Familie – deklarierten Gerichte als nicht asylrelevant. Die Aufteilung in das Politische (= staatlich) und Unpolitische (= privat) wurde von vielen Völkerrechtler*innen als unvereinbar mit der Genfer Flüchtlingskonvention kritisiert, da diese eine solche Trennung nicht kennt. Mit dem Einschwenken auf eine völkerrechtsfreundliche Interpretation des Flüchtlingsrechts hat der Gesetzgeber 2005 – zumindest theoretisch – eine Schutzlücke insbesondere für asylsuchende Frauen geschlossen. Im Asylgesetz ist festgehalten, dass eine Verfolgung wegen der Zugehörigkeit zu einer bestimmten sozialen Gruppe auch vorliegen kann, wenn sie alleine an das Geschlecht oder die geschlechtliche Identität anknüpft.

Frauen sind keine »soziale Gruppe«

Nicht nur im Falle der geflüchteten Frauen aus Eritrea wird die geltende Anerkennung von geschlechtsspezifischer Verfolgung ad absurdum geführt. Dies gilt für eine ganze Reihe von weiteren Fallgruppen, in denen Fluchtgründe von Frauen banalisiert werden. Insbesondere Frauen, die vor häuslicher Gewalt fliehen, wird der Flüchtlingsstatus regelmäßig vorenthalten. Ein Beispiel unter vielen stellt die Entscheidung des VG Göttingen dar, in der die drohende Gewalt durch den Ehemann im Herkunftsland nicht als geschlechtsspezifischer Fluchtgrund anerkannt wurde. Obwohl in Pakistan häusliche Gewalt sehr verbreitet sei, bestünden keine Erkenntnisse, dass diese toleriert werde, weil die Betroffenen Frauen seien. Hierin zeigt sich das Problem, dass Gerichte es ablehnen, Frauen eines Herkunftslandes an sich als »bestimmte soziale Gruppe« einzustufen, die im Sinne der Genfer Flüchtlingskonvention zu schützen ist. Bezogen auf Frauen aus dem Irak wird beispielsweise auf die soziale Gruppe der »jungen alleinstehenden Frauen« oder die der »verwestlichten jungen Frauen« abgestellt. Gemeint sind damit Frauen, die länger in Deutschland gelebt haben und sich am »westlichen Lebensstil« orientieren würden. Auch wenn mit diesen Argumentationsfiguren Asylbegehren positiv beschieden werden, zeigt sich hier doch eine Tendenz, das Geschlecht als Anknüpfungsmerkmal für die Verfolgung nicht zu akzeptieren. Es wird so getan, als hätte die Vergewaltigung junger Frauen im Irak oder die Genitalverstümmelung junger Frauen in Somalia nichts mit den Geschlechterhierarchien zu tun. Diese rechtlichen Winkelzüge lassen sich am ehesten damit erklären, dass es hier um eine Signalwirkung geht: Der Flüchtlingsschutz ist nicht leicht zu erlangen. Die Folge ist jedoch, dass Menschenrechtsverletzungen an Frauen in ihrer misogynen Dimension verkannt werden und – im schlechtesten Fall – der Flüchtlingsschutz verwehrt wird.

Kulturrelativistische Tendenzen

Die Missdeutung des Konzepts der »bestimmten sozialen Gruppe« geht bei manchen Gerichtsurteilen sogar so weit, dass mit kulturrelativistischen Begründungen die Gewalt gegenüber Frauen legitimiert wird. Beispielsweise wurde der Antrag auf Flüchtlingsschutz einer Afghanin, die vor der massiven häuslichen Gewalt ihres Ehemannes und dessen Familie geflohen war, mit folgender Begründung durch das Verwaltungsgericht Greifswald abgelehnt: Die Gewaltanwendungen und Drohungen seien nicht aufgrund des Geschlechts der Klägerin erfolgt, sondern »aufgrund ihrer Rechtsstellung und Eigenschaft als Ehefrau, aufgrund derer der Täter, ihr Ehemann, seine Machtposition und die sich daraus für ihn ergebende Möglichkeit der Gewaltanwendung für sich herleitet«. Dass geschlechtsspezifische Verfolgung als nicht gegeben angenommen wird, wenn die vorherrschende Geschlechterordnung durch das Recht des Herkunftslandes legitimiert wird, führt das Flüchtlingsrecht ad absurdum. Die implizite Feststellung, die Ehe legitimiere die Gewaltanwendung durch den Ehemann, wirft Fragen zum normativen Bezugsrahmen des Gerichts auf. Mit einem universalistischen Verständnis der Menschenrechte ist dies jedenfalls nicht vereinbar. Das Gericht verfolgt vielmehr einen kulturrelativistischen Ansatz, wonach sich das Individuum – je nach kulturellem Kontext – entweder auf die Menschenrechte berufen kann oder aber sich den vermeintlich kulturell gegebenen Verhältnissen anpassen muss. Diese Relativierung von Menschenrechten ist in der Asylrechtsprechung häufig anzutreffen.

Ein eklatanter Fall von Kulturrelativismus lag auch der Entscheidung des Verwaltungsgerichts Würzburg zugrunde, in der es um eine Frau aus dem Iran ging, der wegen Eingehens einer nichtehelichen Partnerschaft drakonische Strafen drohten: »Strafen, wie Auspeitschung, Steinigung und Todesstrafe« knüpften an ein den »islamischen Wertvorstellungen widersprechendes individuelles Verhalten an und folgten einer jahrhundertalten Tradition islamischen Rechts, das noch auf weitere ältere Rechtsquellen aufbaut«. Das Gericht kommt zu dem Schluss, dass der Frau keine politisch motivierte Verfolgung drohe. Denn es handele sich um einen allgemeinen Straftatbestand im Iran ohne politische Bedeutung. Dass es hier nicht um eine sexistische Rechtspraxis geht, kann nur annehmen, wer die Kämpfe der Frauen im Iran völlig ignoriert. Die iranische Juristin und Menschenrechtsaktivistin Shirin Ebadi kämpft gegen derartige Strafnormen an und zeichnet in einem Interview mit der Deutschen Welle ein realistisches Bild der frauenverachtenden Praxis. Sogar bei einer Vergewaltigung müsse die betroffene Frau mit einer Auspeitschung und weiteren Bestrafungen rechnen, weil sie eine Beziehung mit einem fremden Mann gehabt habe. Wie politisch der Konflikt um solche staatlichen und gesellschaftlichen Normen im Iran ist, zeigt sich in der iranischen MeToo-Kampagne, in der sich Frauen gegen diese Form des Sexismus zur Wehr setzen.

Keine Einzelfälle

Insgesamt haben sich die Chancen auf eine asylrechtliche Anerkennung durch die gesetzlichen Fortschritte verbessert. Ein Teil der Gerichtsurteile gibt den asylsuchenden Frauen recht und spricht ihnen den Flüchtlingsstatus zu. Diejenigen Entscheidungen, die mit fragwürdiger Begründung die Menschenrechtsverletzungen an Frauen aus dem Flüchtlingsbegriff herausdefinieren, sind jedoch keine bloßen Einzelfälle. Es werden Rechtsprechungslinien aufrechterhalten, die den Zugang zum Flüchtlingsschutz verwehren – und somit jenen Sexismus fortschreiben, vor dem die Frauen in ihrem Herkunftsland geflohen sind. Gerade wegen der Ignoranz gegenüber gesetzgeberischen Intentionen bedarf es daher nicht nur kluger Klagestrategien, sondern auch einer kritischen öffentlichen Debatte um den genderspezifischen Rollback im Flüchtlingsrecht.

Verfahren: Oberverwaltungsgericht für das Land Nordrhein-Westfalen, Urteil vom 21. September 2020, Aktenzeichen 19 A 1857/19.A; Verwaltungsgericht Göttingen, Urteil vom 13. Februar 2020, Aktenzeichen 2 A 919/17; Verwaltungsgericht Würzburg, Urteil vom 30. Oktober 2017, Aktenzeichen W 8 K 17.31240; Verwaltungsgericht Greifswald, Urteil vom 6. Dezember 2017, Aktenzeichen 3 A 1424/16 As HGW.

Literatur: US Department of State, Country Report on Human Rights Practices 2017 – Eritrea, 20. April 2018, Dokument 1430113, abrufbar unter www.ecoi.net; Amnesty International Report 2017/18 – The State of the World's Human Rights – Eritrea, 22. Februar 2018, Dokument 1444205, abrufbar unter www.ecoi.net; James C. Hathaway/Michelle Foster, The Law of Refugee Status, Cambridge 2014; Shabnam von Hein, Iranische Frauen begehren mit MeToo-Kampagne auf, Deutsche Welle vom 17. September 2020, abrufbar unter www.dw.com.

Mit der Verbandsklage gegen Homophobie

Antidiskriminierung als Recht der Allgemeinheit

von Anika Grotjohann und Fatou Sillah

Italien: Ein Rechtsanwalt erklärt in einer Radiosendung, dass er niemals homosexuelle Menschen in seiner Kanzlei einstellen würde. Als Reaktion verklagt Rete Lenford, eine Vereinigung von Rechtsanwält*innen, die nach ihrer Satzung die Rechte von »Lesben, Schwulen, Bisexuellen, Transgendern und Intersexuellen (LGBTI)« verteidigt, den homophoben Rechtsanwalt auf Schadensersatz. Das Problem dabei: Der Anwalt sprach in der Radiosendung über keine bestimmte Person. Auch lief in seiner Kanzlei zu dem Zeitpunkt kein konkretes Bewerbungsverfahren, auf das sich seine Aussage hätte beziehen können. Es ließ sich also keine queere Einzelperson ermitteln, die von der diskriminierenden Aussage unmittelbar betroffen gewesen wäre. In Deutschland wäre in diesem Fall der Weg zu den Gerichten versperrt, eine »allgemein homophobe« Aussage wie diese bliebe für den Äußernden ohne rechtliche Folgen. In Italien hingegen können Verbände, Organisationen oder auch Gewerkschaften gegen diskriminierende Aussagen klagen und Schadensersatz verlangen, wenn diese in ihren Arbeitsschwerpunkt fallen.

Solche Verbandsklagen sind Verfahren, bei denen nicht eine einzelne Person ihre eigenen Rechte einklagt, sondern Rechte der Allgemeinheit geltend gemacht werden können – etwa das Recht, in einem diskriminierungsfreien Umfeld zu leben.

In dem Verfahren ging es unter anderem auch darum, ob das italienische Verbandsklagerecht vereinbar mit der europäischen Gleichbehandlungsrichtlinie sei. Der beklagte Anwalt argumentierte, Verbände dürften nur für geschädigte Personen klagen, nicht aber als Vertretung der Allgemeinheit. Wenn sich keine geschädigte Person feststellen ließe, dann würde damit auch kein Schadensersatz fällig. Das zuständige Gericht legte ebendiese Frage dem Europäischen Gerichtshof zur Entscheidung vor: Darf nach der Gleichbehandlungsrichtlinie auch Schadensersatz gefordert werden, wenn keine konkret betroffene Person ermittelt werden kann?

Der Europäische Gerichtshof entschied, dass auch in einem solchen Fall die Möglichkeit zur Klage besteht. Denn für das Gericht stellen solche Verbandsklagen eine adäquate Reaktion auf ein vielschichtiges Problem dar. Auch allgemein gehaltene Aussagen über queere Menschen, wie die des Rechtsanwalts, wirkten abschreckend auf potenzielle Bewerber*innen und seien somit diskriminierend. Wenn solche homophoben Aussagen nicht unter den Schutz der Gleichbehandlungsrichtlinie fielen, sei ihr Schutz illusorisch. Der Europäische Gerichtshof stellte mit seiner Entscheidung in einer Linie mit seiner vorangegangenen Rechtsprechung heraus, dass eine Klagemöglichkeit gegen diskriminierende Aussagen, die sich auf keine konkrete Person beziehen, essenziell ist, um einen umfassenden Schutz zu gewähren.

Deutschland hat Nachholbedarf

Wenn also eine Klage auch ohne eine konkret geschädigte Person mit europäischem Recht vereinbar ist, warum besteht diese Möglichkeit dann nicht auch in Deutschland? Die EU-Gleichbehandlungsrichtlinie, in der Vorgaben zur Gleichbehandlung in Beschäftigung und Beruf geregelt sind, gilt nicht unmittelbar in den Mitgliedstaaten. Sie muss zunächst in nationales Recht übertragen werden. In Deutschland ist das durch das Allgemeine Gleichbehandlungsgesetz geschehen. Hier sind gleich mehrere EU-Richtlinien, die dem Schutz vor Diskriminierung dienen sollen, in einem Gesetz zusammengefasst. Die Gleichbehandlungsrichtlinie sieht nicht zwingend ein Verbandsklagerecht vor; in der Entscheidung des Europäischen Gerichtshofes hieß es, das jeweilige Recht der Mitgliedstaaten *könne* ein solches Klagerecht vorsehen. Im Umkehrschluss *muss* es eben kein Verbandsklagerecht geben. In Deutschland hat man sich schlicht und einfach dagegen entschieden. In der Konsequenz müsste sich in Deutschland in einem Fall wie dem des italienischen Anwalts zunächst eine Person bei seiner Kanzlei bewerben und wegen ihrer sexuellen Orientierung abgelehnt werden. Erst dann, wenn diese Person direkt betroffen ist, kann sie gegen die homophobe Diskriminierung juristisch vorgehen. Es erscheint zynisch, Betroffenen erst Schutz zu gewähren, wenn sie als konkrete Person diskriminiert werden – insbesondere, wenn die homophobe Einstellung des potenziellen Arbeitgebers so offenkundig ist wie in diesem Fall. Die öffentliche Aussage des Rechtsanwalts im Radio sorgt nämlich dafür, dass sich queere Personen überhaupt nicht erst bei ihm bewerben. Somit hat die Diskriminierung direkte Auswirkungen – auch wenn sie nicht gegen eine bestimmte Person gerichtet ist. Durch das Verbandsklagerecht entsteht die Möglichkeit, auch in solchen Fällen gerichtlichen Schutz vor Diskriminierungen zu erreichen.

Aber nicht nur im Falle der Verbandsklage bleibt Deutschland hinter den Möglichkeiten des Rechtsschutzes für Betroffene von Diskriminierung zurück. So lief gegen Deutschland vor Einführung des Allgemeinen Gleichbehandlungsgesetzes sogar ein Vertragsverletzungsverfahren, weil die Antidiskriminierungsrichtlinien schlichtweg nicht umgesetzt wurden. Auch mit der Einführung des Gesetzes wurden nicht alle Bedenken aufgelöst – der deutsche Gesetzgeber fällt bei der Umsetzung der europäischen Richtlinien zum Diskriminierungsschutz negativ auf. Die Frist, die Betroffene einhalten müssen, um gegen Diskriminierung gerichtlich vorgehen zu können, liegt in Deutschland bei gerade mal zwei Monaten. So wenig Zeit bleibt den Betroffenen nur, um sich der Diskriminierung und ihrer Tragweite bewusst zu werden, Unterstützung zu suchen und sich zu entscheiden, rechtliche Schritte einzuleiten. Dabei böte die EU-Gleichbehandlungsrichtlinie durchaus Raum für eine längere Frist. Außerdem setzt das Allgemeine Gleichbehandlungsgesetz für eine Entschädigung voraus, dass der*die Beklagte die Diskriminierung zu vertreten hat. Schadensersatzforderungen sind also davon abhängig, ob die Diskriminierung beabsichtigt war oder zumindest fahrlässig begangen wurde. Abgesehen davon, dass es bei Diskriminierungen auf die Auswirkungen ankommt und nicht etwa darauf, ob diese beabsichtigt war, sind die Motive der diskriminierenden Person meist schwer zu beweisen. Die EU-Gleichbehandlungsrichtlinie erkennt das an. Hier zählt der Effekt, den die Diskriminierung hat – nicht die Absicht, die dahinatersteckte. Diese Regelung wurde im Allgemeinen Gleichbehandlungsgesetz schlicht nicht umgesetzt. Das fehlende Verbandsklagerecht ist also nicht der einzige Fall, in dem Deutschland hinter den Möglichkeiten für effektiven Rechtsschutz zurückbleibt.

Das Problem: Mangel an politischem Willen

Die Möglichkeit der Verbandsklage im Antidiskriminierungs-recht hätte über den erleichterten Zugang zu Gerichten hinaus weitere positive Effekte. So würde sie etwa bei dem ganz prakti-schen Problem der Finanzierung von Klagen helfen. Häufig wer-den Personen, die eigentlich erfolgreich klagen könnten, davon abgehalten, weil sie die potenziellen Kosten fürchten. Mit der Verbandsklage würde hier Abhilfe geschaffen. Nicht mehr die Einzelperson, sondern der Verband als Kläger*in trüge dann die Kosten des Verfahrens. Auch der nicht geringe Arbeits- und Zeitaufwand würde vorrangig bei dem Verband liegen. Die Ver-bandsklage birgt also viele Vorteile für Betroffene von Diskrimi-nierung. Warum also beharrt man in Deutschland, das sich wie zuletzt im Rahmen der Fußballeuropameisterschaft erneut als Schutzpatron der Rechte von LGBTQIA* stilisiert hat, weiter darauf, dass einzelne Personen ihre Rechte allein einklagen?

Schon bei Einführung des Allgemeinen Gleichbehandlungs-gesetzes wurden Sorgen laut, das Antidiskriminierungsrecht könnte dem Wirtschaftsstandort Deutschland schaden. Diese Befürchtungen erstrecken sich auch auf das Verbandsklage-recht. Den Unternehmen sollen vor Gericht lieber Individuen gegenüberstehen, anstatt auf Klagen spezialisierte Verbände, die durch ihre Erfahrung im jeweiligen Gebiet größere Erfolgs-aussichten hätten. Außerdem, so führen Gegner*innen der Verbandsklage an, widerspreche diese der Systematik des deut-schen Zivilrechts. Dieses sei grundsätzlich so ausgestaltet, dass Einzelpersonen ihre eigenen Rechte geltend machen müssten. Dieser Grundsatz wurde jedoch bereits im kollektiven Arbeits-recht, Umweltschutzrecht und Verbraucher*innenschutz gebro-chen. Hier können Verbände für konkret Betroffene oder auch für die Allgemeinheit klagen. In diesen Rechtsgebieten wurde dem Ungleichgewicht Rechnung getragen, das Rechtsstreitigkeiten regelmäßig zugrunde liegt, wenn einzelne Kläger*innen großen Unternehmen oder Behörden gegenüberstehen.

Im Antidiskriminierungsrecht hat lediglich das Land Berlin mit dem Landesantidiskriminierungsgesetz einen Vorstoß in diese Richtung gewagt. Hier sind nun Verbandsklagen gegen Diskriminierungen durch staatliche Institutionen möglich. Ist der politische Wille da, so kann also zugunsten von Betroffenen von dem Grundsatz abgewichen werden, der einzig Klagen von Einzelpersonen vorsieht. Daran mangelt es aber auf Bundes- und in den meisten Fällen auch auf Landesebene. So wurde in Hamburg ein dem Berliner Gesetz entsprechender Entwurf der Linken durch die rot-grüne Regierung abgelehnt, und das, obwohl die Grünen auf Bundesebene die Verbandsklage befürworten.

Die Einführung der Verbandsklage für Organisationen, Gewerkschaften und Verbände ist ein wichtiger Schritt zur Stärkung des Rechtsschutzes gegen Diskriminierung. Auch hier besteht grundsätzlich ein Ungleichgewicht zwischen den Parteien. Bei den Kläger*innen handelt es sich immer um Personen, die einer diskriminierten Gruppe angehören. Es ist das Mindeste, was die Gesetzgebung tun kann, um ihnen effektive Möglichkeiten zu geben, sich gegen Diskriminierung zu wehren. Die Einführung eines Verbandsklagerechts in Bereichen, in denen Betroffene strukturell benachteiligt sind, ist überfällig. Das Urteil des Europäischen Gerichtshofes gibt diesen Forderungen Rückenwind. Denn: Auch allgemeine Aussagen diskriminieren und auch finanziell schwächer gestellte Personen haben das Recht auf Zugang zur Justiz. Die Verbandsklage schafft in beiden Problemfeldern Abhilfe: Durch sie müssen Schutz vor Diskriminierungen aller Art, Rechtssicherheit und Zugang zu juristischer Gerechtigkeit geschaffen werden; auch und – mit Blick auf die Geschichte – gerade in Deutschland.

Verfahren: Europäischer Gerichtshof, Urteil vom 23. April 2020, Aktenzeichen 507/18; vorherige Rechtsprechung des EuGH: Europäischer Gerichtshof, Urteil vom 25. April 2013, Aktenzeichen C-81/12 (Asociația Accept); Europäischer Gerichtshof, Urteil vom 10. Juli 2018, Aktenzeichen C-54/07 (Feryn).

Literatur: Antidiskriminierungsstelle des Bundes, EuGH verbietet Diskriminierung auch ohne konkret betroffene Person, 27. April 2020, abrufbar unter www.antidiskriminierungsstelle.de; Ulrike Lembke, Europäisches Antidiskriminierungsrecht in Deutschland, in: Aus Politik und Zeitgeschichte (apuz) 9/2016, S. 11–16; Susanne Memarnia, Einsatz gegen Diskriminierung, taz vom 3. Juni 2020; Nele Aulbert, Wir sind hier nicht in Berlin, taz vom 27. März 2021.

Homophobe Biologie?

Der Fall des Kasseler Professors Kutschera
und die Wissenschaftsfreiheit

von Andreas Gutmann

Universitäten werden immer häufiger zu Räumen, in denen die Grenzen des Sagbaren ausgehandelt werden. Wie in anderen Gesellschaftsbereichen ist auch hier die Tendenz zu beobachten, unter der Berufung auf die freie Rede menschenverachtende Äußerungen zu normalisieren, Widerspruch hiergegen als freiheitsbeschränkende Auswüchse einer Cancel Culture oder Political Correctness zu diskreditieren. Dies zeigt sich beispielhaft in dem Fall um den Kasseler Biologieprofessor Ulrich Kutschera.

Ein Interview mit Folgen

Der Hochschullehrer, der zuvor unter anderem mit dem Buch *Das Gender-Paradoxon* Aufsehen erregt hatte, verstieg sich, nachdem der Bundestag die »Ehe für alle« beschlossen hatte, in einem Interview mit dem Portal kath.net am 5.7.2017 zu kruden Thesen und wüsten Beschimpfungen. So bezeichnete er Kinder lesbischer Paare als »bemitleidenswerte Befruchtungs-Produkt[e]« und warnte vor »staatlich geförderte[r] Pädophilie und schwerste[m] Kindesmissbrauch«, sollte ein Adoptionsrecht für homosexuelle Partner*innenschaften eingeführt werden. Lesbische Frauen würden »in verstärktem Maße zur Pädophilie« neigen. En passant schlägt Kutschera eine Brücke zu ethnonationalistischen Positionen: »Die wichtigste Aufgabe von Staatsführern« sei, »die ihnen anvertraute Population«, welche in Deutschland »religiös-kulturell relativ homogen [...]« sei, aufrechtzuerhalten. Dies müsse durch die Förderung traditioneller Familienmodelle geschehen. Kutschera zeigt also, wie der auch in der bürgerlichen Mitte anschlussfähige »Antigenderismus« als Türöffner für rechtsextremes Denken fungiert.

Nach Erscheinen des Interviews hatten mehrere Personen, darunter Mitglieder des Studierendenparlaments der Universität Kassel, Strafanzeige erstattet. Das Amtsgericht Kassel verurteilte Kutschera mit Urteil vom 3. August 2020 schließlich nicht, wie von der Staatsanwaltschaft gefordert, wegen Volksverhetzung, sondern lediglich wegen Beleidigung. Das Urteil wurde am 2. März 2021 vom Landgericht Kassel aufgehoben. Eine Beleidigung läge nicht vor, da »es an einer hinreichenden Bestimmtheit und Bestimmbarkeit eines etwaig beleidigten Personenkreises« fehle und die Meinungsfreiheit Kutscheras insofern überwiege. Ein Angriff auf die Menschenwürde hätte nicht stattgefunden, der Angeklagte spreche »gleichgeschlechtlichen Paaren sachlich allein das Recht ab, so genannten zweigeschlechtlichen Paaren in Bezug auf Eheschließung und Adoptionsrecht gleichgestellt zu werden«, weitere Rechtspositionen würden nicht in Frage gestellt. Kutschera kritisiere »homosexuelle Mensche [sic!] nicht generell und auch nicht mit Bezug auf ihre Homosexualität«. Eine solch wohlwollende Auslegung erscheint angesichts der drastischen Wortwahl des Biologen jedoch keinesfalls zwingend.

Der Fall Kutschera ist jedoch nicht nur deshalb brisant, weil er wieder einmal die Frage aufwirft, inwieweit strafgerichtliche Urteile Hatespeech adäquat adressieren können. Zusätzlichen Sprengstoff bietet er wegen Kutscheras Stellung als Hochschullehrer, mit der er während des Gerichtsverfahrens kokettierte. So trat der Angeklagte stets mit zahlreichen Büchern auf, mit denen er seine angeblich »wissenschaftlichen« Ausführungen belegen wollte. Er sah seine Hetze gegen LGBTQI*-Personen von der Wissenschaftsfreiheit aus Artikel 5 Absatz 3 des Grundgesetzes gedeckt.

Märtyrer*innen der freien Wissenschaft?

Der Universität Kassel war die Angelegenheit äußerst unangenehm. Als verbeamteter Hochschullehrer kann Kutschera allerdings nur bei schweren Verfehlungen entlassen werden, notwendig hierzu ist die Durchführung eines Disziplinarverfahrens. Die Universität beschloss zunächst, das Strafverfahren abzuwarten. Schließlich ist nach Paragraph 25 Absatz 1 des Hessischen Disziplinargesetzes ein Disziplinarverfahren auszusetzen, wenn die gleiche Angelegenheit Gegenstand eines Strafverfahrens ist. Die Vorschrift soll Doppelbestrafungen und widersprüchliche Entscheidungen verhindern. Das bedeutet allerdings nicht, dass die Ergebnisse des strafrechtlichen Verfahrens bindende Wirkung für das Disziplinarverfahren hätten. Die Disziplinarbehörde ist lediglich an die gerichtlichen Tatsachenfeststellungen gebunden, kann diese jedoch anders bewerten. Im Fall Kutschera erscheint es außerdem nicht ausgeschlossen, dass Straf- und Disziplinarverfahren parallel betrieben werden könnten. Nach Paragraph 25 Absatz 1 Satz 2 des Disziplinargesetzes ist dies möglich, wenn »keine begründeten Zweifel am Sachverhalt bestehen«. Dass Kutschera die betreffenden Äußerungen getätigt hatte, stand hier außer Zweifel und wurde auch von ihm selbst nicht bestritten.

Das zögerliche Agieren der Universität Kassel im Fall Kutschera ist jedoch symptomatisch für den Umgang mit Hochschullehrer*innen, die durch rechte und menschenfeindliche Äußerungen auffallen. Häufig verfängt ihre Selbstdarstellung als Märtyrer*innen für die Wissenschaftsfreiheit, deren Positionen im Dienste einer Political Correctness zum Schweigen gebracht werden. Prominent wird diese These vom 2021 gegründeten »Netzwerk Wissenschaftsfreiheit« vertreten, das sich zur Aufgabe gesetzt hat, »die Freiheit von Forschung und Lehre gegen ideologisch motivierte Einschränkungen zu verteidigen«. Sorge bereitet den über 500 Hochschullehrer*innen, die das Manifest unterzeichnet haben, dass »die verfassungsrechtlich verbürgte Freiheit von Forschung und Lehre zunehmend unter moralischen und politischen Vorbehalt gestellt werden soll«. Eine Bedrohung sieht das Netzwerk insbesondere darin, dass etwa Positionen im öffentlichen Diskurs als rassistisch und sexistisch markiert würden. Eine strukturelle Offenheit des Netzwerks nach rechts zeigt sich nicht zuletzt darin, dass der Internetauftritt, ohne dies zu problematisieren, auf Beiträge in neurechten Publikationen wie *Tichys Einblick*, *Cicero* oder *Junge Freiheit* verweist.

Die Freiheit der Anderen

Dass die Wissenschaftsfreiheit einen Freibrief für jede Form der Hetzrede darstellt, ist ein Trugschluss. Sie gilt nicht grenzenlos. Schon nach Artikel 5 Absatz 3 Satz 2 des Grundgesetzes entbindet »[d]ie Freiheit der Lehre nicht von der Treue zur Verfassung«. Wie alle Grundrechte muss sie mit den Grundrechten anderer Personen ins Verhältnis gesetzt werden, ein »Supergrundrecht« Wissenschaftsfreiheit existiert nicht. Dies wird von den selbst ernannten Verteidiger*innen der Wissenschaftsfreiheit übersehen, die meinen, ohne Rücksicht auf die Verletzung und Abwertung von Menschen alles sagen zu können. Diese vermeintliche Freiheit ist das Privileg Angehöriger nicht strukturell benachteiligter Gruppen. Denn wie sieht es mit der gedanklichen Freiheit einer queeren Person im Seminar einer Hochschullehrerin aus, die Homosexualität mit Pädophilie gleichsetzt? Wie frei ist eine Studentin of Color, über deren weiteren Bildungs- und Lebensweg eine Prüfung bei einem Professor entscheidet, der öffentlich kundtut, Menschen mit Migrationsgeschichte hätten immer sprachliche Defizite und könnten daher keine guten Noten erreichen?

Hierbei handelt es sich mitnichten um bloße Befindlichkeiten, sondern um von der Verfassung geschützte Rechte. Zwar ist strittig, ob Artikel 5 des Grundgesetzes auch eine Studierfreiheit beinhaltet, jedenfalls schützt aber die Berufsfreiheit aus Artikel 12 die Freiheit des Studiums. Herabsetzende Äußerungen können das allgemeine Persönlichkeitsrecht beeinträchtigen. Und nicht zuletzt schützen die Meinungs- und Versammlungsfreiheit die Artikulation von Kritik und Protest – auch auf dem Campus.

Außerdem verpflichtet die allgemeine beamt*innenrechtliche Treuepflicht die Hochschullehrer*innen. Hierauf gestützt, hatte das Verwaltungsgericht München im Jahre 2018 die in einem Disziplinarverfahren verhängte vorläufige Dienstenthebung eines Professors bestätigt, der der Reichsbürgerbewegung nahestand und durch wirre Schreiben an verschiedene Behörden aufgefallen war, in denen er unter anderem bekanntgab, seinen »Personalausweis, d.h. der Firmenausweis der Staats-Simulation ›Bundesrepublik Deutschland‹« zurückgegeben zu haben.

In diesem Verhalten sah das Verwaltungsgericht München einen Verstoß gegen die Treuepflicht, da der Hochschullehrer die »Geltung des Grundgesetzes und die verfassungsmäßige Struktur der Bundesrepublik Deutschland in Frage stellt«.

Trotz des begrüßenswerten Ergebnisses macht der Beschluss des Verwaltungsgerichts München deutlich, dass es sich bei der Treuepflicht um ein zweischneidiges Schwert handelt (siehe hierzu *Nils Kohlmeier/Tore Vetter* im Report 2020, S. 181–187). Nicht nur der Radikalenerlass hat gezeigt, wie derartige Formeln in der Behörden- und Gerichtspraxis ein Eigenleben entwickeln und im Rahmen einer kruden Hufeisentheorie letztlich gegen emanzipatorische Bewegungen ausgespielt werden können (siehe hierzu etwa *Peer Stolle* im Report 2020, S. 77–84). Die Treuepflicht verbietet nicht Systemkritik – wie alle Menschen dürfen auch Hochschullehrer*innen staatliche Institutionen kritisieren und auf gesellschaftliche Veränderungen hinwirken. Unverhandelbar sind unter dem Grundgesetz allerdings Menschenwürde und strukturelle Gleichheit. Gerade gegen diese Werte richtet sich diskriminierende Hassrede, ob sie nun vom Katheder oder aus den Tiefen des Internets kommt.

Und nun?

All diese Gesichtspunkte könnten in einem Disziplinarverfahren gegen Kutschera berücksichtigt werden. Ob die Universität Kassel ein solches anstrengen möchte, erschien bei Redaktionsschluss jedoch ungewiss. Die Pressestelle verweigert auch auf Nachfrage eine Stellungnahme. Allerdings zeigen sich im Kasseler Fall auch Erfolg versprechende Taktiken für den Umgang mit professoraler Hetze. Hervorzuheben ist zunächst die aktive Rolle der Studierendenschaft, die den Stein überhaupt erst ins

Rollen brachte. Zum anderen fand auch die Universität eine kreative Lösung, indem sie Parallelveranstaltungen zu den von Kutschera gehaltenen Kursen anbot. Die Studierenden können also wählen, bei wem sie das betreffende Fach belegen und somit mit den Füßen über die Berechtigung homophober »Wissenschaft« auf dem Campus abstimmen.

Verfahren: Amtsgericht Kassel, Urteil vom 3. August 2020, Aktenzeichen 246 Ds – 1622 Js 25245/17 (Strafverfahren gegen Kutschera); Landgericht Kassel, Urteil vom 2. März 2021, Aktenzeichen 7 Ns 1622 Js 25245/17 (Freispruch Kutscheras in zweiter Instanz); Verwaltungsgericht München, Beschluss vom 8. Februar 2018, Aktenzeichen M 19L DA 17.6048 (Dienstenthebung eines Reichsbürgers).

Literatur: Andreas Fischer-Lescano, Rechte und Rechtswissenschaft, Verfassungsblog vom 29. September 2019, abrufbar unter www.verfassungs blog.de.

ANTISEMITISMUS

Hier Auschwitz, da Blondinenwitz

Wie ein bayerisches Amtsgericht Hetze gegen
Juden verharmlost

von Ronen Steinke

Es ist einer der größten Skandale der bayerischen Polizei in jüngerer Zeit gewesen: 40 Beamt*innen einer Münchner Spezialeinheit, des sogenannten Unterstützungskommandos (USK), flogen im Frühjahr 2019 mit antisemitischen Chats auf. Über WhatsApp hatten sie diskriminierende Bilder und Videos geteilt, der *Bayerische Rundfunk* deckte dies auf. Ein Strafbefehl wegen Volksverhetzung, 15 Disziplinarverfahren, eine einvernehmliche Entlassung und elf Zwangsversetzungen waren die Folgen.

Es geht vor allem um ein kurzes Video, das einen jüdischen Jungen zeigt, etwa sechs bis acht Jahre alt. Der Junge trägt eine Kippa und die für orthodoxe Juden typischen Schläfenlocken. Er spielt Keyboard. Das Video ist unterlegt mit dem klingelnden Geräusch einer Registrierkasse. Die Botschaft des Clips, der in der WhatsApp-Gruppe der Münchner USK-Beamten die Runde machte: Bei Juden gehe es immer nur ums Geld. Im USK-Chat folgten darauf einige lachende Smileys.

Inzwischen ist geklärt, von wem das Video kam. Tim K., ein damals 28 Jahre alter Berufssoldat, der in der Nähe von Augsburg lebt, schickte es am 20. September 2018 um 8.56 Uhr an einen Freund vom USK. Mit Tim K. hat sich deshalb die bayerische Justiz beschäftigt. Er war, anders als die USK-Polizisten, nicht bereit, einen Strafbefehl zu akzeptieren. Und siehe da: Unterstützung fand er in der bayerischen Justiz, wo ein Richter zunächst überhaupt nicht von einer Volksverhetzung sprechen wollte. Sondern von einem bloßen Scherz, den man locker abtun und mit einem Freispruch quittieren könne.

»Geiz ist geil!«

So lautete, von der Öffentlichkeit unbemerkt, ein Gerichtsurteil im Februar 2020. Zwar sei das Video »plump und geschmacklos«, so heißt es im Urteil des Amtsgerichts Dillingen an der Donau im Verfahren gegen Tim K. Denn Juden würden in dem Videoclip als geizig oder gierig geschmäht. Aber: Es sei doch nichts dabei. Ein Angriff auf die Menschenwürde sei dies nicht. »Schotten und Schwaben leiden ebenfalls unter demselben Klischee. Freilich ohne, dass jemand auf die Idee käme, deshalb Zweifel an deren Menschenwürde zu hegen.«

Der Vorwurf, dass es Juden von Kindesbeinen an nur ums Geld gehen würde, sei zwar ein Stereotyp. Aber beileibe kein schlimmes, so heißt es im Urteil. »Auch ist Gier oder eine sonst wie gesteigerte Affinität zu Geld oder gar Geiz keinesfalls mehr ausschließlich negativ konnotiert, wie beispielsweise groß angelegte Werbekampagnen von Elektrofachmärkten eindrucksvoll beweisen (›Geiz ist geil!‹).« Deshalb, so der Richter, könne von Volksverhetzung nach Paragraph 130 des Strafgesetzbuchs keine Rede sein.

Mit dem Vorwurf, Jüdinnen und Juden seien geldgierig, sind in Deutschland seit dem Mittelalter blutige Pogrome gerechtfer-

tigt worden. Bis hinein in die Propaganda der Nationalsozialis-
ten spielte das Motiv der angeblich »raffenden« Juden eine wichtige Rolle. Auch nach dem Anschlag auf die Synagoge in Halle an
der Saale im Oktober 2019 sagte die Mutter des Attentäters – so
wurde es vielfach in den Medien berichtet – über ihren Sohn:
»Er hat was gegen die Leute, die hinter der finanziellen Macht
stehen. Wer hat das nicht?«

»Frauen können nicht Auto fahren«

Im Mittelalter waren Juden von den meisten »ehrbaren« Berufen ausgeschlossen und unfreiwillig in den Beruf des Geldleihers
hineingezwungen worden. Aus Sicht des Richters am Amtsgericht Dillingen an der Donau, Patrick Hecken, sei das im Video
auftauchende Vorurteil jedoch nur eines von vielen, »durch
nichts zu belegenden Klischees«, zu denen genauso auch die
folgenden zählen würden: »Frauen können nicht Auto fahren«,
»Blondinen sind nicht intelligent«, »Schweizer essen nur Käse«,
»ältere Herren sind impotent«. So steht es wörtlich im Urteils-
text. Hier Auschwitz, da Blondinenwitz.

Die Staatsanwaltschaft in Bayern ist seit einiger Zeit bemüht,
den Blick der Juristen für antisemitische Tathintergründe zu
schärfen. So haben alle drei Generalstaatsanwälte des Freistaats – in München, Nürnberg und Bamberg – eigene Antisemitismusbeauftragte eingesetzt, und gemeinsam haben diese
im vergangenen Januar auch einen Leitfaden unter der Über-
schrift »Antisemitische Straftaten erkennen« an alle Ankläger
verschickt.

Bindend ist das aber natürlich nur für die Staatsanwaltschaf-
ten, und im Fall von Tim K. beendete – nach einem Zwischen-
stopp beim Landgericht Augsburg – letztlich erst ein Machtwort

des Bayerischen Obersten Landesgerichts die juristische Diskussion. Dort betonten die Richter am 9. November 2020 mit Blick auf das WhatsApp-Video: Darin werde »an die nationalsozialistische Rassenhetze angeknüpft, wonach das Judentum in einer Weltverschwörung des sogenannten ›Finanzjudentums‹ Nichtjuden ausnutzen und finanziell ruinieren« wolle.

Es ist übrigens eine der letzten Amtshandlungen des Richters Manfred Götzl gewesen, bekannt geworden als Vorsitzender im NSU-Prozess und seit Ende 2018 Vizepräsident am Bayerischen Obersten Landesgericht. Götzl und zwei seiner Kollegen stellten klar: Das WhatsApp-Video verletze die Menschenwürde von Jüdinnen und Juden, da der Täter sich darin »mit der NS-Rassenideologie identifiziert«. Die Folge: Geldstrafe von 50 Tagessätzen à 70 Euro. Aus dem gesamten USK-Skandal ist dies am Ende der einzige Fall geblieben, der überhaupt vor Strafrichtern verhandelt worden ist.

Verfahren: Amtsgericht Dillingen, Urteil vom 4. Februar 2020, Aktenzeichen 302 Cs 101 Js 117532/19; aufgehoben durch das Berufungsurteil des Landgerichts Augsburg vom 9. Juni 2020, Aktenzeichen 4 Ns 101 Js 117532/19; weiterhin verworfen durch das Bayerische Oberste Landesgericht, Revisionsbeschluss vom 9. November 2020, Aktenzeichen 205 StRR 408/20.

Literatur: Martin Bernstein, Volksverhetzer in Uniform, Süddeutsche Zeitung vom 5. März 2020.

Hinter den Erwartungen zurückgeblieben

Das Urteil zum Synagogen-Anschlag von Halle

von Kati Lang

Am 21. Dezember 2020 verurteilte das Oberlandesgericht Naumburg den Attentäter von Halle unter anderem wegen zweifachen Mordes sowie 66-fachen versuchten Mordes zu einer lebenslangen Freiheitsstrafe mit Feststellung der besonderen Schwere der Schuld. Das Gericht ordnete die anschließende Sicherungsverwahrung an. Insoweit ist der Schuldspruch, gegen den der Angeklagte kein Rechtsmittel einlegte, rechtskräftig.

Den versuchten Mord an zwei weiteren Betroffenen, Ismet Tekin und Aftax Ibrahim, vermochte der Senat jedoch nicht zu erkennen, weswegen diese gegen das Urteil Revision beim Bundesgerichtshof einlegten. Eine Entscheidung des obersten deutschen Strafgerichts stand bei Redaktionsschluss noch aus.

Der Name des Attentäters wird im vorliegenden Text bewusst nicht genannt. Damit schließt sich die Autorin der Forderung vieler Nebenkläger:innen an, in der es heißt: »Wir bitten die Medien, sich uns bei der Weigerung anzuschließen, den Namen des Angeklagten zu nennen. Dies verstärkt lediglich seinen Bekanntheitsgrad, stellt ihn fälschlicherweise als Einzeltäter heraus und trägt dazu bei, ein Narrativ, dem wir uns nicht anschließen, zu verbreiten.«

Das Attentat von Halle

Am 9. Oktober 2019 griff ein den Behörden bisher unbekannter Mann schwerbewaffnet die Synagoge von Halle an. Bewusst hatte er den höchsten jüdischen Feiertag – Yom Kippur – gewählt, mit dem Ziel, möglichst viele Jüdinnen und Juden zu töten. Dies misslang nicht nur, weil die Türen der Synagoge standhielten, sondern auch, weil die über den Zaun geworfenen Sprengsätze, deren Splitter noch in den Wänden der Wohnungen auf der gegenüberliegenden Straßenseite stecken blieben, ihr Ziel verfehlten.

Im Angesicht seines Scheiterns erschoss der Attentäter Jana Lange, welche ihn ahnungslos vor der Synagoge angesprochen hatte. Der Täter setzte sich anschließend in seinen Mietwagen und nahm den wenige Hundert Meter entfernt liegenden Kiez-Döner ins Visier. Dort schoss er auf die anwesenden Personen und ermordete Kevin Schwarze.

Vor dem Restaurant feuerte der Attentäter auf weitere Passant:innen, die er für Migrant:innen hielt. Es kam zu einem Schusswechsel mit der zwischenzeitlich eingetroffenen Polizei, der es jedoch nicht gelang, den Attentäter zu stoppen. Dieser setzte, nunmehr verletzt durch einen Streifschuss, seine Flucht fort und fuhr den somalischen Flüchtling Aftax Ibrahim, der gerade die Straßenbahn verlassen hatte, an.

Im nahe gelegenen Wiedersdorf versuchte der Täter mit vorgehaltener Waffe, ein Auto in seinen Besitz zu bringen. Als ihm dies verweigerte wurde, schoss er die Autobesitzer, ein ortsansässiges Paar, nieder. Beide blieben schwerverletzt zurück.

Schlussendlich gelang es ihm, in einer Kfz-Werkstatt ein weiteres Fluchtfahrzeug zu erzwingen. Die Polizei stellte ihn schließlich kurz darauf im Zuge der eingeleiteten Fahndung.

Der Täter hatte die Tat live ins Internet gestreamt. Den Stream unterlegte er mit einer vorbereiteten antisemitischen und rassistischen Playlist, die er über Lautsprecher, die er an seinem Körper befestigt hatte, ablaufen ließ. Ein Manifest zu den Zielen seiner Tat hatte er vorab ins Internet hochgeladen.

Keine Bühne im Gerichtssaal

Die Vorsitzende Richterin Ursula Mertens machte von Beginn an klar, dass sie dem Antisemitismus und Rassismus des Attentäters keine Bühne geben werde. Bereits während seiner Einlassung an den ersten Prozesstagen begrenzte sie seine Redezeit immer wieder konsequent, entzog ihm mehrmals das Wort. Mertens' Verhandlungsführung neigte jedoch stellenweise zur Bagatellisierung, beispielsweise wenn sie dem Angeklagten immer wieder die Belanglosigkeit seines Lebens – noch wohnhaft im Kinderzimmer in der Wohnung seiner Mutter, ohne Arbeit, ohne soziales Umfeld – vorhielt und im Gegensatz dazu auf die Leistungen der von ihm gehassten Jüdinnen und Juden oder Migrant:innen verwies.

Die Vorsitzende Richterin verstand es aber, den Betroffenen des Anschlags Platz und Respekt für ihre Wahrnehmungen, Ängste und Bedürfnisse zu schaffen. In Anerkennung des ihnen zugefügten Leids öffnete sie den Verhandlungssaal für Erzählungen der Betroffenen, die weit über das eigentliche Geschehen hinausgingen. So wurde in diesen Tagen das emotionale Leid greifbar, welches Vergangenheit und Gegenwart verbindet: Rabbinerin Rebecca Blady, die sich noch Stunden nach dem Anschlag um ihr Kind sorgte, weil es nicht bei ihr war, berichtete, dass ihre Großmutter als Kind an der Rampe von Auschwitz letztmalig ihre Mutter sah. Rebecca Blady schilderte, wie sie in Halle in der Situation der Trennung von ihrem Kind in ein familiäres Trauma (rück)versetzt wurde.

Auch mit der Entscheidung, diesen Prozess – erstmalig nach der Änderung des Gerichtsverfassungsgesetzes (Paragraph 169 Absatz 2) im Jahr 2018 – mitzuschneiden und somit in Zukunft das Tonprotokoll für wissenschaftliche Zwecke zur Verfügung zu stellen, zeigte das Gericht, dass es die Bedeutung des Verfahrens erkannt hatte.

Die Chance einer deutlichen Positionierung hat das Gericht mit seinem Urteil jedoch leider nicht genutzt. Mutlos, harmlos, entpolitisierend, so das harte Urteil eines Teils der Nebenklage im Anschluss an die Urteilsverkündung. Zwar benannte die Vorsitzende Richterin das antisemitische, rassistische und frauenfeindliche Motiv des Täters, individualisierte es aber auf ihn. Es fehlte an einer historischen, sozialen und gesellschaftlichen Einbettung der Tat und ihrer Motive. Zwar wurde das persönliche Umfeld des Täters kritisiert, aber kein Wort zu Antisemitismus und Rassismus in Sachsen-Anhalt verloren. Den gesellschaftlichen und historischen Bezugsrahmen blendete das Urteil aus. Weder die Auswirkungen der Tat auf die jüdischen Gemeinden noch die Erschütterung der demokratischen Verfasstheit spielten eine Rolle.

Während der Ablauf des Gerichtsverfahrens am Oberlandesgericht Naumburg, insbesondere der Umgang mit den Betroffenen, gerade auch im Vergleich zur vielkritisierten Behandlung der Hinterbliebenen im NSU-Verfahren durch das Oberlandesgericht München positiv hervorzuheben ist, bleibt das Urteil in seinem Inhalt weit hinter den Erwartungen und seinen Möglichkeiten zur klaren Positionierung zurück.

»Sehe eine Menschenmenge. Ich gebe Gas.«

Das gezielte Zusteuern des Fluchtautos auf Aftax Ibrahim, der vom Wagen erfasst und verletzt wurde, aber sein Leben retten konnte, wurde vom Gericht nicht als versuchter Mord, sondern als fahrlässige Körperverletzung in Tateinheit mit vorsätzlicher Gefährdung des Straßenverkehrs und Teilnahme an einem verbotenen Kraftfahrzeugrennen gewertet. Das Gericht begründet seine Entscheidung damit, dass sich kein Tötungsvorsatz habe feststellen lassen. So sei nicht nachvollziehbar, weshalb der Täter, der freimütig das Attentat an der Synagoge und im Kiez-Döner einräumte, einen rassistischen Mordversuch, der doch ebenfalls seiner Ideologie entspräche, abstreiten sollte. Das Gericht verkennt dabei jedoch, dass der Angeklagte vorrangig nur das einräumte, was durch das Tatvideo belegt werden konnte. Zur Synagoge befragt, hatte er ausgeführt, er habe nicht gewusst, ob sich darin Menschen befänden, es hätte auch ein Denkmal sein können.

Dagegen hatte er im Rahmen der Hauptverhandlung eingeräumt, Aftax Ibrahim als Schwarze Person wahrgenommen zu haben, und betont, dass ein Ausweichmanöver für ihn selbst gefährlich gewesen wäre. Er hätte – so seine Aussage – aber wohl versucht auszuweichen, wenn es sich um eine weiße Person gehandelt hätte. Das Leben des Nebenklägers zu schützen hätte für ihn dagegen keine Rolle gespielt.

Auf der vorbereiteten Playlist des Täters befand sich ein Song, in dem der terroristische Anschlag von Toronto vom 23. April 2018 glorifiziert wird. Dort hatte ein Rechtsterrorist seinen Van in eine Menschengruppe gelenkt und zehn Menschen getötet. In dem Lied heißt es unter anderem: »Sehe eine Menschenmenge. Ich gebe Gas.« Und auch: »Ich will einfach so viele verdammte Menschen töten.« Der Senat führte jedoch aus, dass, sofern der

Attentäter die Tötungen im Vorfeld geplant hätte, man hierzu Hinweise in den ins Internet hochgeladenen Dokumenten hätte finden müssen. Diese Argumentation verkennt, dass auch die Zusammenstellung der Playlist Teil des Tatplans und somit Bekenntnis des Täters ist. Die affirmative Bezugnahme auf das rassistische Attentat von Toronto wurde durch den Attentäter bewusst gewählt. Die Tatplanung richtete sich auf die Tötung aller äußeren und inneren Feinde gemäß seinem nationalsozialistischen Weltbild, wozu Aftax Ibrahim als Schwarze Person zählte.

Im Kugelhagel vor dem Kiez-Döner

Auch das Attentat auf Ismet Tekin erkannte das Gericht nicht als versuchten Mord an. Einerseits geht der Senat zwar davon aus, dass der Täter in Bezug auf die circa 70 Meter entfernten Polizeibeamt:innen vor dem Kiez-Döner einen Tötungsvorsatz hatte. Andererseits schloss er einen solchen im Falle Ismet Tekins, der nur etwa 30 Meter entfernt stand, aus. Obwohl er zuvor auf Passant:innen geschossen hatte, weil er sie für Migrant:innen hielt, argumentierte das Gericht, der Täter hätte nicht damit rechnen müssen, dass – anstatt zu fliehen – sich Dritte in das Schussfeld begeben würden. Ein solcher Rückschluss ist fehlerhaft. Der Täter musste damit rechnen, dass sich weitere Personen im Schussfeld befinden könnten: seien es Eltern in Sorge um ihr Kind, seien es Personen – wie zuvor Jana Lange –, die die Gefahr nicht erkannten, oder Ismet Tekin, der in Sorge um seinen jüngeren Bruder zum Kiez-Döner eilte.

Es lässt sich nicht ausschließen, dass dem Täter bewusst war, dass die letzte Demütigung, die er den Betroffenen zufügen konnte, der Versuch war, ihnen den Opferstatus abzusprechen. Während seine Behauptungen, er habe gedacht, die Synagoge sei leerstehend, oder er habe alle im Kiez-Döner für Muslime gehalten, fadenscheinig und von den Tatsachen zu widerlegen waren, so ist es ihm zumindest im Falle der Attentate auf Aftax Ibrahim und Ismet Tekin gelungen, dass das Gericht ihn nicht wegen versuchten Mordes verurteilte.

Ismet Tekin und Aftax Ibrahim haben Revision beim Bundesgerichtshof eingelegt. Es geht ihnen um Gerechtigkeit, um ihre Würde, um das Anerkenntnis, dass der Täter auch sie haben umbringen wollen und sie nicht »Kollateralschäden« dieses Attentats sind.

Verfahren: Oberlandesgericht Naumburg, Urteil vom 21. Dezember 2020, Aktenzeichen 1 St 1/20.

Literatur: Verband der Beratungsstellen für Betroffene rechter und rassistischer Gewalt e. V. (VBRG e. V.) in Zusammenarbeit mit NSU-Watch, Prozessdokumentation (deutsch, englisch, russisch, türkisch) sowie Schlussworte der Überlebenden, abrufbar unter www.verband-brg.de; democ.Zentrum demokratischer Widerspruch, #Halle.Prozess, abrufbar unter www.democ.de; Landtag von Sachsen-Anhalt, Bericht des 19. Parlamentarischen Untersuchungsausschusses vom 14. April 2021, Drucksache 7/7575; Ronen Steinke, Terror gegen Juden, Berlin 2020; Esther Dischereit, Das Urteil zum Yom Kippur-Anschlag in Halle: »Mutlos, harmlos, entpolitisierend«, abrufbar unter www.heimatkunde.boell.de; #Tekiez (twitter): Solidaritätsaktion für den Tekiez (vormals Kiez-Döner), Spendenaufruf: https://www.mobile-opferberatung.de/spendenaufruf-kiez-doener/.

REVISIONISMUS

Wer, wenn nicht er?

Geschichts(um)deutung in den
Entschädigungsklagen der Hohenzollern

von Sophie Schönberger

Gewährt der Staat Entschädigungen für historisches Unrecht,
geraten die Sphären von Recht und Geschichte in eine schwie-
rige wechselseitige Beziehung, die man leicht als Kollision wahrnehmen kann. Die vielschichtige Konstellation der »Geschichte
vor Gericht« wird dann um eine besondere Variante erweitert,
die »Geschichte im Behördengang«. Prominentes Beispiel für
einen solchen Fall sind die Entschädigungsforderungen, die die
Nachfahren des letzten deutschen Kaisers gegen die Bundesrepublik Deutschland geltend machen.

Bereits Anfang der 1990er Jahre hatte Louis Ferdinand Prinz
von Preußen, Enkel des letzten deutschen Kaisers sowie Sohn
und Erbe des letzten deutschen Kronprinzen Wilhelm von Preußen, einen Antrag auf Entschädigung beziehungsweise Rückgabe
für die Vermögensgegenstände gestellt, die zwischen 1945 und
1949 in der sowjetisch besetzten Zone seinem Vater enteignet
worden waren. Im Jahr 2015 lehnte das Land Brandenburg den
Antrag ab. Seitdem ist vor dem Verwaltungsgericht Potsdam ein
entsprechendes Gerichtsverfahren anhängig.

Keine Entschädigung für substanzielle Förderer
des Nationalsozialismus

Gegenstand dieses Verfahrens ist im Kern eine wesentliche Frage deutscher Geschichte, nämlich die Rolle, die der ehemalige Kronprinz Wilhelm bei der Etablierung der nationalsozialistischen Herrschaft gespielt hat. Denn Grundlage für die Entschädigungen, die heute Georg Friedrich Prinz von Preußen als Erbe seines Großvaters Louis Ferdinand geltend macht, ist das sogenannte Ausgleichsleistungsgesetz von 1994. Nachdem man sich im Prozess der Wiedervereinigung dafür entschieden hatte, die Enteignungen in der DDR im Grundsatz rückabzuwickeln, die 1945/46 erfolgten Enteignungen der sogenannten Bodenreform in der sowjetisch besetzten Zone – Enteignungen von Großgrundbesitzern und Grundbesitzern, die in das NS-Regime verstrickt und/oder Kriegsverbrecher waren – allerdings unangetastet zu lassen, milderte der Gesetzgeber diese Unterscheidung wenige Jahre später durch ebendieses Gesetz ab, indem er den Betroffenen (beziehungsweise ihren Erben) für die Maßnahmen der Besatzungsherrschaft zumindest einen Entschädigungsanspruch zusprach.

Allerdings sieht das Gesetz eine wichtige Ausnahme vor: Hatte derjenige, der nach dem Krieg enteignet wurde, zuvor dem Nationalsozialismus »erheblichen Vorschub« geleistet, so ist der Anspruch für ihn (und für seine Erben) ausgeschlossen. Diese Regelung, die auf entsprechende Vorbilder in anderen entschädigungsrechtlichen Bestimmungen der alten Bundesrepublik zurückgeht, soll verhindern, dass diejenigen von Entschädigungen profitieren, die letztlich selbst zur historischen Katastrophe beigetragen haben.

Was unter einem solchen »Vorschubleisten« zu verstehen ist, hat die Rechtsprechung mittlerweile in einer Vielzahl von Entscheidungen geklärt. Insbesondere hat sie klargestellt, dass ein erhebliches Vorschubleisten bereits in der Phase der Errichtung und nicht erst nach der Etablierung des nationalsozialistischen Systems möglich ist. Es erfordert in objektiver Hinsicht, dass nicht nur gelegentlich oder beiläufig, sondern mit einer gewissen Stetigkeit Handlungen vorgenommen wurden, die dazu geeignet waren, die Bedingungen für die Errichtung, die Entwicklung oder die Ausbreitung des nationalsozialistischen Systems zu verbessern oder Widerstand zu unterdrücken, und die dies auch zum Ergebnis hatten. Der Nutzen, den das Regime aus diesem Handeln gezogen hat, darf nicht nur ganz unbedeutend gewesen sein. In subjektiver Hinsicht muss die betreffende Person in dem Bewusstsein gehandelt haben, ihr Verhalten könne diesen Erfolg herbeiführen. Dabei ist es gerade dann, wenn die Unterstützungsleistung in einem frühen Stadium vor oder kurz nach der nationalsozialistischen Machtübernahme erfolgte, nicht erforderlich, dass die betroffene Person bereits konkret die Folgen des nationalsozialistischen Unrechtsstaates vorhergesehen und in dieser Form gewollt hat. Das Wissen und Wollen des Vorschubleistenden muss sich nur auf das eigene Tätigwerden und dessen Wirkung als Beitrag zur Errichtung oder zur Festigung des nationalsozialistischen Systems bezogen haben, es muss nicht alle Einzelheiten der späteren Entwicklung einschließen.

Der ehemalige Kronprinz: Wahlaufruf und »Tag von Potsdam«

Um zu klären, ob diese Regelung für Wilhelm Prinz von Preußen greift, gab das Land Brandenburg im Jahr 2014 zwei historische Gutachten in Auftrag. Das Ergebnis war eindeutig: Zahlreiche historische Fakten belegen eindrücklich, wie der ehemalige

Kronprinz sein in konservativen Kreisen immer noch vorhandenes politisches Gewicht dafür einsetzte, Adolf Hitler salonfähig zu machen. Der Wahlaufruf bei der Reichspräsidentenwahl 1932 zugunsten Hitlers und die prominente Teilnahme am »Tag von Potsdam«, den zur Inszenierung des NS-Regimes aufgesetzten Feiern zur Eröffnung des am 5. März 1933 gewählten Reichstags, sind nur die beiden sichtbarsten Elemente in einer langen Reihe kommunikativer Unterstützungshandlungen.

Auf diesen Erwägungen beruht die Ablehnungsentscheidung, die das Land Brandenburg in dieser Sache traf. Damit befindet es sich inhaltlich in guter Gesellschaft aktueller Rechtsprechung. So hat etwa im April 2020 das Verwaltungsgericht Cottbus ein »Vorschubleisten« durch eine regionale Zeitung mit einer Auflage von unter 10000 Exemplaren maßgeblich auch damit begründet, dass sie den Wahlaufruf des ehemaligen Kronprinzen zugunsten Adolf Hitlers auf ihrer Titelseite veröffentlicht hatte.

»Flasche«, Widerstandskämpfer oder zumindest nicht Verursacher?

Gleichwohl griff Georg Friedrich Prinz von Preußen die Behördenentscheidung vor dem Verwaltungsgericht Potsdam an. Dabei stützt er sich seinerseits auf zwei historische Gutachten, die er selbst in Auftrag gegeben hatte. Die Argumentation ist, stark verkürzt, die folgende: Nach dem ersten Gutachter, Christopher Clark, der seine Aussagen später öffentlich relativierte, sei der ehemalige Kronprinz eine geschichtlich bedeutungslose »Flasche« gewesen, der aufgrund seiner fehlenden öffentlichen Relevanz keinen Vorschub habe leisten können. Die Autoren des zweiten Gutachtens ergänzen dieses Argument um die These, Wilhelm von Preußen sei gemeinsam mit Kurt von Schleicher zentraler Akteur einer Gruppierung innerhalb der NSDAP zur Errichtung einer Präsidialdiktatur und zur Verhinderung Hitlers gewesen. Dies habe sich zwar nicht in öffentlich sichtbaren Ergebnissen nach außen manifestiert, sei aber trotzdem als Akt des Widerstands zu qualifizieren, der hinreichend gewichtig sei, um öffentliche Unterstützungshandlungen, die ohnehin nur äußerst gering ins Gewicht fielen, in ihrer Bedeutung zurücktreten zu lassen.

Diese Argumentation wird in jüngerer Zeit noch durch einen dritten Strang erweitert, der in der Tageszeitung Die Welt von den Historikern Ulrich Schlie und Thomas Weber dargetan wurde und in dessen Richtung auch ein Fachaufsatz der Verfassungsrechtler Christian Hillgruber und Philipp Bender deutet. Er beruht darauf, die Maßstäbe der Rechtsprechung in Bezug auf die erforderliche Kausalität massiv zu verschieben. Während die Rechtsprechung nämlich (nur) fordert, dass das Handeln des »Vorschubleisters« die Bedingungen für die Errichtung oder Konsolidierung des Nationalsozialismus verbessert hat, wollen Schlie/Weber ein »Vorschubleisten« nur dann annehmen, wenn eine direkte erhebliche Kausalität zwischen dem Handeln und der Errichtung und Konsolidierung des nationalsozialistischen Systems bestanden hat. Ein Vorschubleisten des ehemaligen Kronprinzen läge daher nur dann vor, wenn die Errichtung und Konsolidierung des »Dritten Reiches« wesentlich anders verlaufen wäre, hätte Wilhelm Prinz von Preußen politisch einfach überhaupt nichts getan. Und diesen Nachweis könne man schlicht nicht erbringen. Wie und für wen aber soll man einen solchen Nachweis überhaupt erbringen können? Würde man an das Merkmal des Vorschubleistens tatsächlich diesen Maßstab hypothetischer historischer Kausalität anlegen, dann fiele am Ende vermutlich allein Adolf Hitler unter die Klausel – und vielleicht nicht einmal er.

Wenn selbst er es nicht war, dann war es eben keiner

Hat der Kronprinz also dem Nationalsozialismus erheblich Vorschub geleistet? Treffender als der Historiker Ulrich Herbert in der FAZ kann die Antwort nicht ausfallen: »Ja – gewiss nicht weniger, aber wohl auch nicht mehr als all die anderen hochrangigen Vertreter der vaterländischen Verbände, der deutschnationalen Parteien, der Clubs und ›Ringe‹ der rechtsradikalen Intellektuellen, der Großagrarier und der Großindustrie, die die Republik zerstören und das neue Reich der Rechten aufbauen wollten, ohne Parlament, ohne Gewerkschaften und ohne Juden – allerdings unter der Voraussetzung, dass sie selbst dabei irgendeine wichtige Rolle spielen durften. Aber wenn selbst die es nicht waren, die ›Vorschub leisteten‹, dann war es eben keiner. Wie gehabt.«

Verfahren: Landesamt für offene Vermögensfragen Brandenburg, Bescheid vom 27. Oktober 2015 gegenüber Georg Friedrich Prinz von Preußen, mit dem ein Antrag auf Leistungen nach dem Ausgleichsleistungsgesetz abgelehnt wurde; Verwaltungsgericht Cottbus, Urteil vom 23. April 2020, Aktenzeichen 1 K 1763/15.

Literatur: Historische Gutachten zur Frage, ob Wilhelm Prinz von Preußen dem Nationalsozialismus erheblich Vorschub geleistet hat, von Stephan Malinowski, Peter Brandt, Christopher Clark und Wolfram Pyta/Rainer Orth, abrufbar unter www.hohenzollern.lol; Ulrich Herbert, Vier Gutachter, ein Kronprinz und die nationale Diktatur, FAZ vom 30.11.2019, S. 11; Sophie Schönberger, Wiedergänger. Die Entschädigungsforderungen der Hohenzollern zwischen Geschichte, Recht und politischer Gestaltung, in: Zeitschrift für Geschichtswissenschaft (ZfG) 2020, Heft 4, S. 337–355; Verband der Historiker und Historikerinnen Deutschlands/Sophie Schönberger, Die Klagen der Hohenzollern – eine Dokumentation, abrufbar unter www.klagen-der-hohenzollern.de.

Effizienz statt Gerechtigkeit

Zur Teileinstellung des Verfahrens gegen
den SS-Wachmann Bruno Dey

von Mehmet Gürcan Daimagüler

Bruno Dey wurde im Juni oder Juli 1944 in das KZ Stutthof versetzt. Spätestens ab dem 9. August 1944 gehörte er der 1. Kom-
panie des SS-Totenkopfsturmbanns in Stutthof an und war dort
bis zum 26. April 1945. Im August 2019 eröffnete das Landgericht
Hamburg ein Verfahren gegen den ehemaligen SS-Wachmann
wegen Beihilfe zum Mord in mindestens 5230 Fällen sowie wegen Beihilfe zum versuchten Mord. Dey ließ sich in der Hauptverhandlung umfassend zur Sache ein. Alles in allem folgte er
dabei einem Argumentationsmuster, das bereits aus früheren
KZ-Verfahren bekannt ist: Er sei gegen seinen Willen im KZ eingesetzt worden und habe nur Befehle befolgt. Ungewöhnlich
(und unglaubwürdig) ist allenfalls seine Behauptung, trotz des
Dienstes auf den Wachtürmen nichts von den Vorgängen in der
Gaskammer gewusst zu haben.

Überlebende des Holocaust sollten
der Verfahrenseinstellung zustimmen

Nun darf ein Angeklagter schweigen, er darf lügen. Weder das eine noch das andere ist verboten. Irritierend war aber das Vorgehen des Gerichts. Es teilte etwa ein halbes Jahr nach Beginn des Prozesses mit, dass es erwäge, die Strafverfolgung hinsichtlich der Nebenkläger einzustellen, die das KZ Stutthof überlebt haben oder deren Verwandte in andere KZs – zum Beispiel nach Auschwitz – überstellt wurden. In Anbetracht des hohen Alters des Angeklagten und der daraus folgenden Unsicherheit, ob das Verfahren sonst zu einem Ende gebracht werden könne, erschiene dies vernünftig. Die juristische Logik dahinter: Nach Einschätzung von Gericht und Staatsanwaltschaft war absehbar, dass der Angeklagte wegen Beihilfe zu über 5000 Fällen *vollendeten* Mordes verurteilt werden würde. Die Handvoll Fälle, bei denen KZ-Insassen überlebt haben und in denen deswegen nur ein *versuchter* Mord zu prüfen wäre, würden demgegenüber nicht stark ins Gewicht fallen und seien zu vernachlässigen. Dafür sprach laut der Kammer auch, dass bei einer Anklage wegen versuchten Mordes immer geprüft werden müsse, ob der Angeklagte nicht womöglich vom Versuch der Tat *zurückgetreten* sei – also freiwillig eine weitere Ausführung seiner Tat aufgegeben oder deren Vollendung verhindert habe, was nach dem Strafgesetzbuch zur Befreiung von der Strafe führe. Dies sei aber vorliegend nur mit großem Aufwand zu klären und jede Verzögerung erhöhe die Gefahr, dass der Angeklagte noch vor der Urteilsverkündigung sterben könnte. Auf Grundlage dieser Argumentation »appellierten« Gericht und Staatsanwaltschaft an die Überlebenden, der Einstellung des Verfahrens mit Blick auf die bloß »versuchten« Tötungen – also bezüglich der Menschen, die das Lager Stutthof überlebt hatten oder erst später andernorts ermordet wurden – zuzustimmen. Ein »Appell«, den nicht nur ich als Anwalt der Nebenklage als ungehörigen Druck auf die hochbetagten Überlebenden empfand. Die meisten dieser Menschen gaben dem Druck nach. Meine Mandantin Marga Griesbach tat dies nicht.

Auf welche rechtliche Argumentation stützte das Gericht nun die Behauptung, die Aufklärung der Tötungs*versuche* sei besonders aufwendig und müsse daher aus prozessökonomischen Gründen unterbleiben? Dies lässt sich knapp wie folgt skizzieren: Der Angeklagte war als Gehilfe angeklagt. Seine Tat ist gebunden an die Tat der Haupttäter in der Lagerleitung. Einen entsprechenden Tatnachweis hielt das Gericht mit Blick auf das Tatgeschehen im KZ Stutthof für unproblematisch. Als Problem sah das Gericht allerdings den rechtlichen Umgang mit jenen Opfern an, die von Stutthof in andere Lager verschleppt und erst dort ermordet wurden oder die auf Todesmärsche durch Eis und Schnee geschickt wurden. Nach Ansicht des Gerichts sei die Lagerleitung in diesen Fällen strafbefreiend vom Versuch der Haupttat zurückgetreten. Dies führt nach Ansicht des Gerichts gemäß Paragraph 24 Absatz 2 des Strafgesetzbuches auch zur Straffreiheit für den Gehilfen, wenn dieser sich zumindest stillschweigend mit dem Handeln der Lagerleitung einverstanden zeigt.

Erst der Vormarsch der Roten Armee beendete das Morden

Die Frage nach einem »Rücktritt vom Versuch« des Mordes hatten das Landgericht München im Verfahren gegen John Demjanjuk oder das Landgericht Lüneburg im Verfahren gegen Oskar Gröning ohne großen Aufwand geprüft und verworfen. Auch die Gerichte in Münster und Detmold verfuhren so. Mit gutem

Grund: Ein solch strafbefreiender Rücktritt setzt stets voraus, dass die Täter *zumindest für einen Augenblick* von ihrem Tatvorsatz Abstand nehmen. Dies hat der Bundesgerichtshof zuletzt in seiner Entscheidung zum sogenannten »Ravensburger Babybrei-Erpresser« aus dem Jahr 2019 betont, wonach es für einen Rücktritt nicht ausreiche, *»wenn der Täter den Taterfolg weiterhin billigend in Kauf nimmt, etwa indem er dem Opfer nach Art eines Glücksspiels eine Chance gibt«*. Von einer zumindest augenblicklichen Durchbrechung des Tötungsvorsatzes kann bei einer Vielzahl der Gefangenenverlegungen aus dem KZ Stutthof aber keine Rede sein, da die Opfer weiterhin unter lebensbedrohenden Umständen ihrer Freiheit beraubt waren – sei es auf einem Todesmarsch oder in einem Auffanglager, wo die gleichen todbringenden Bedingungen wie in Stutthof herrschten. Eine »sichere Sekunde« gab es für diese Gefangenen ungeachtet der Evakuierung zu keiner Zeit, wie auch meine Mandantin Marga Griesbach in ihren Erinnerungen eindrücklich schilderte:

»Wir verließen das Lager und marschierten einen großen Teil des Tages. Die Russen waren in der Nähe, und sie alle liefen vor ihnen davon. Es war sehr kalt. Wir waren hungrig und durstig. Wir marschierten den ganzen Tag bis zur Nacht. Alle legten sich auf den gefrorenen schmutzigen Boden nieder. Eiskalt und steif wachten wir auf. Die SS-Leute sammelten uns ein und wir marschierten weiter. Da war auch noch ein altes polnisches Paar mit ihrem Enkelsohn. Der Junge war 17, 18 Jahre alt. Wir hörten zwei Schüsse, dann wurde es still. Am Morgen fanden wir den alten Polen tot vor der Haustür liegen. Sie hatten ihm in den Kopf geschossen. Sein Körper war am Boden festgefroren. In der Halle lag die Leiche seines Enkels. Die alte Frau saß in ihrem Stuhl und weinte still.
Eine Frau, sie hieß Paula, weinte. Ihre Schwester hatte irgend-

etwas zu einem der Soldaten gesagt und er hatte sie daraufhin erschossen. Eine am Bein verletzte Ungarin war von ihren Schwestern und Cousinen auf einen Schlitten gepackt worden. Die Soldaten befahlen ihnen, ans Ende der Kolonne zu gehen. Wir hörten einen Schuss. Ein Soldat hatte dem Mädchen in den Nacken geschossen. Die Schwestern und Cousinen schrien. Ein weiterer Schuss fiel, und alles war still. Als wir den Ort verließen, sahen wir ein paar Kriegsgefangene, die über ein freies Feld fortliefen. Die Deutschen schossen ihnen einfach in den Rücken. Unterwegs sahen wir tote KZ-Gefangene, denen in den Nacken oder Kopf geschossen worden war.

Meine Mutter sagte mir, ihre Füße täten so weh, dass sie nicht glaube, weitergehen zu können. Ich flehte sie an, es zu versuchen, aber nach einer Weile sagte sie: ›Das war es. Ich kann nicht mehr, aber ich will, dass Du versuchst zu überleben.‹ Ich war verzweifelt und sagte ihr, ich würde dann mit ihr zurückbleiben. Plötzlich packte ich sie und zog sie aus der Kolonne [...] Es gab keinen Zeitpunkt, wo die deutschen Bewacher uns unsere Freilassung verkündigten oder uns sagten, wir seien jetzt frei und durften gehen. Der Krieg ging zu Ende, die Alliierten kamen näher, die Anzahl der Bewacher, egal ob SS-Männer, reguläre Soldaten oder Volkssturm-Leute, wurde kleiner und unter ihnen wuchs die Furcht vor den Russen, Briten und den Amerikanern. Es waren diese Umstände, die uns die Chance gaben, zu fliehen. Es waren die Amerikaner, die Briten und die Russen, die uns das Leben gerettet haben. Ich bin mir sicher, dass die Deutschen jeden Einzelnen von uns ermordet hätten, wenn ihnen nur ein wenig mehr Zeit geblieben wäre. Ich bin mir sicher, dass sie keinen einzigen Juden, egal ob Mann oder Frau, ob Kind oder Greis, am Leben gelassen hätten. Die Deutschen hätten uns ermordet, wie sie meinen Vater und wie sie meinen Bruder ermordet hatten.«

Selbst wenn es Gefangenentransporte gegeben haben sollte, die den Gefangenen einen kurzen Moment der Sicherheit brachten, kommt ein strafbefreiender Rücktritt von SS-Tätern gleichwohl kaum je in Betracht, weil diese Transporte jedenfalls nicht – was stets Voraussetzung für einen Rücktritt ist – *freiwillig* erfolgten. Voraussetzung für die Annahme von Freiwilligkeit ist nach ständiger Rechtsprechung, dass der Täter die Tatvollendung aus selbstgesetzten Motiven nicht mehr erreichen will und insofern *»Herr seiner Entschlüsse«* ist, die nicht im Wesentlichen durch eine äußere Zwangslage beeinflusst werden.

Es geht um mehr als die Verurteilung

Dass der Abtransport von Gefangenen aus dem Stammlager Stutthof im Rahmen der Evakuierung nach diesem Maßstab durch die Haupttäter *freiwillig* durchgeführt wurde, ist jedoch zumindest für die Zeit ab dem 25. Januar 1945 mit den historischen Fakten nicht in Einklang zu bringen. Vielmehr wurde das Lager aufgrund des rasanten Vormarsches der Roten Armee evakuiert. Dass der »Schock« durch den Zusammenbruch der Ostfront binnen kürzester Zeit bei den Haupttätern auch nicht zu einer freiwilligen Abkehr von ihren Tötungsplänen führte, indizieren neben der ganz überwiegend fortgesetzt lebensbedrohlichen Behandlung der Gefangenen auch die zahlreichen Massaker, die an evakuierten Stutthof-Gefangenen verübt wurden, sobald wieder hinreichender Abstand zur Roten Armee erreicht war (etwa das Massaker von Palmnicken). Realistischerweise kann davon ausgegangen werden, dass ein solches Verhalten auch schon zum Zeitpunkt der Lagerevakuierung geplant war. Zur Legalität zurückzukehren und das Morden freiwillig zu beenden stand der SS nie im Sinn.

Das Landgericht Hamburg war bei Lichte betrachtet also keineswegs gehindert, Bruno Dey auch wegen Beihilfe zum versuchten Mord zu verurteilen. Dass das Gericht allein aufgrund des Alters des Angeklagten hiervon Abstand nehmen wollte, erscheint bereits problematisch – dass der historische Kontext des Mordgeschehens im KZ Stutthof dafür zurechtgebogen wurde, ist dagegen unentschuldbar. Die geforderte Zustimmung der Nebenkläger zur Einstellung des Verfahrens mit Blick auf die versuchten Tötungen konnte ich deshalb und auch schon aus Respekt vor den Erlebnissen meiner Mandantin nicht erteilen. Das Gericht hat bis zuletzt nicht verstanden, dass es meiner Mandantin und anderen Überlebenden nicht darum ging, am Ende ein Urteil in Händen zu halten. Es ging ihnen auch nicht um harte Bestrafung. Meiner Mandantin ging es darum, dass in einem deutschen Gerichtssaal ein wahrhaftiges Zeugnis abgelegt wird. Gemessen daran ist dieses Verfahren gescheitert.

Nach 44 Verhandlungstagen verurteilte die Jugendstrafkammer des Landgerichts Hamburg am 23. Juli 2020 den Angeklagten zu einer Freiheitsstrafe von 2 Jahren auf Bewährung.

Verfahren: Landgericht Hamburg, Urteil vom 23. Juli 2020, Aktenzeichen 617 Ks 10/19 jug.

Literatur: Marga Griesbach, Ich kann immer noch das Elend spüren – Ein jüdisches Kind in Deutschland 1927 bis 1945. Eine Erinnerung der Zeitzeugin Marga Griesbach, Hannover 2008; Mehmet Gürcan Daimagüler, Plädoyer im Verfahren gegen den Buchhalter von Auschwitz, in: Peter Huth (Hrsg.), Die letzten Zeugen. Der Auschwitz-Prozess von Lüneburg 2015, Ditzingen 2015, S. 218 ff.; Anja Schiemann, Anmerkung zum Beschluss des Bundesgerichtshofs vom 5. Juni 2019, Aktenzeichen 1 StR 34/19, Neue Juristische Wochenzeitschrift 2019, Heft 50, S. 3659 ff.

HATE SPEECH

Donald Trumps gesperrter Facebook-Account

Das Oversight Board setzt rechter Rede
keine klaren Grenzen

von Andreas Fischer-Lescano

Viel zu lange hat Facebook dem Treiben zugesehen: Jahrelang nutzen Donald Trump und die Seinen die Social-Media-Angebote des Konzerns für ihre rechte Hetze, für die Verbreitung von »alternativen Fakten« und Verleumdungen. Doch erst als es für Donald Trump ganz offensichtlich zu Ende ging, zog auch Facebook die Reißleine: Am 7. Januar 2021, einen Tag nach dem Sturm auf das Kapitol, sperrte Facebook den Account. Die Begründung für das De-Platforming des seinerzeit noch amtierenden Präsidenten formulierte Mark Zuckerberg in einem Facebook-Post:

>»In den letzten Jahren haben wir Präsident Trump erlaubt, unsere Plattform im Einklang mit unseren eigenen Regeln zu nutzen, wobei wir gelegentlich Inhalte entfernt oder seine Beiträge gekennzeichnet haben, wenn sie gegen unsere Richtlinien verstoßen haben. Wir haben dies getan, weil wir glauben, dass die Öffentlichkeit ein Recht auf ei-

nen möglichst breiten Zugang zu politischer Rede hat, auch zu kontroverser Rede. Aber der aktuelle Kontext ist nun grundlegend anders, da es um die Nutzung unserer Plattform geht, um zu einem gewaltsamen Aufstand gegen eine demokratisch gewählte Regierung aufzurufen. Wir glauben, dass die Risiken, dem Präsidenten zu erlauben, unseren Dienst in dieser Zeit weiter zu nutzen, einfach zu groß sind. Daher verlängern wir die Sperre, die wir auf seine Facebook- und Instagram-Konten gelegt haben, auf unbestimmte Zeit und für mindestens die nächsten zwei Wochen, bis der friedliche Machtwechsel abgeschlossen ist.«

Das Facebook Oversight Board:
Feigenblatt oder Verfassungsgericht?

Diese Entscheidung, Trumps Fake News und seine rechte Hetze bei Facebook grundsätzlich zu unterbinden, wirft eine ganze Reihe von Fragen auf. Fragen, die nach Trumps Ankündigung im Juli 2021, gerichtlich gegen die Sperrung vorzugehen, demnächst auch die US-Gerichte beschäftigen werden. Im Kern geht es um die Grenzen der Meinungsfreiheit in privat betriebenen öffentlichen Kommunikationsräumen. Steht es Facebook, Google, Microsoft und anderen frei, die Meinungsfreiheit nach eigenem Belieben beziehungsweise dann zu begrenzen, wenn Beiträge – wie Mark Zuckerberg schreibt – »gegen unsere Richtlinien« verstoßen?

Um dies zu klären, hat der Konzern zwei Wochen nach der Sperrung das »Facebook Oversight Board« um Entscheidung im Fall Trump angerufen. Das Oversight Board ist ein neuartiges Gremium des Konzerns. Besetzt mit 20 Expert*innen – darunter der US-Richter Michael McConnell, die frühere dänische Ministerpräsidentin Helle Thorning-Schmidt, der ehemalige Richter am Europäischen Gerichtshof für Menschenrechte András Sajó und Julie Owono, Direktorin der Nichtregierungsorganisation Internet Sans Frontières –, wurde das Oversight Board im Mai 2020 eingerichtet. Es hat die Aufgabe, in strittigen Fällen Entscheidungen über die Zulässigkeit von Maßnahmen auf den Social-Media-Plattformen des Konzerns zu treffen. Nach Artikel 3 der Satzung des Board können sowohl die Betroffenen oder – wie eben in Trumps Fall – der Konzern selbst das Board anrufen.

Mit der Errichtung des Oversight Board hatte der Konzern auf die Kritik reagiert, dass seine Entscheidungen zur Inhaltskontrolle von Posts intransparent seien und dass die Duldung von exzessiver rechter Rede auf den Facebook-Kanälen rechtsextremistischen Kräften in die Hände spiele. Das Gremium, so die nicht falsche Grundidee, solle die Diskursregeln der Social-Media-Plattform entwickeln und kontrollieren. Freilich bleiben Fragen: Wie unabhängig ist das Oversight Board? Wie wird es seine Rolle interpretieren? Gelingt es, Regeln für die Meinungsfreiheit im Netz auf diese Weise, jenseits von staatlichen Gerichten, zu entwickeln? Was ist das Oversight Board überhaupt genau? Ein Unternehmensbeirat – rechtliches Feigenblatt einer kapitalistischen Kommunikationsverwertungsfabrik? Oder ein Quasiverfassungsgericht mit der Aufgabe, konstitutionell garantierte Freiheiten (Meinungsfreiheit) mit rechtlichen Garantien (Menschenwürde) in ein ausbalanciertes Verhältnis zu setzen?

Kritik der Minderheit im Board am De-Platforming von Trump

Die Überweisung des Trump-Falls gab dem Board nun die Gelegenheit, am prominenten Fall eine Grundsatzentscheidung mit weltweiter Signalwirkung zu treffen. Diese Chance hat das Gremium aber leider vertan.

Zwar wird der Sperrbeschluss von Facebook in der Entscheidung des Oversight Board vom 5. Mai 2021 dem Grunde nach bestätigt, wobei das Board eine Befristung fordert. Darüber hinaus gibt das Board auch eine Reihe sinnvoller Empfehlungen hinsichtlich der Begrenzung der Meinungsfreiheit. Im Kern verweigert das Board aber die nötigen Antworten und spielt die Fragen einfach an den Konzern zurück: Facebook wurde drei Monate Zeit gegeben, die Entscheidung zum Fall Trump zu überdenken und auf die generellen Empfehlungen des Board zur Sanktionierung von Posts zu reagieren. Dieses Vorgehen war schon innerhalb des Gremiums umstritten. Die wichtigsten Punkte des Minderheitenvotums, die in der Entscheidung dokumentiert wurden, sind:

Erstens wurden keine Mindestkriterien aufgestellt, die die Einschätzung des Oversight Board hinsichtlich der menschenrechtlichen Verantwortung von Facebook widerspiegeln.

Zweitens hätten Trumps Äußerungen gegen das Gewalt- und Aufhetzungsverbot verstoßen. Das Gremium, so die Meinung der Minderheit, habe diesen Verstoß zu Unrecht nicht festgestellt. Trumps Posts – die Anschuldigungen des Wahlbetrugs und das Lob für die Randalierer*innen – seien im Kontext gelesen als »Aufrufe zu Handlungen«, »Befürwortung von Gewalt« und »Fehlinformationen und nicht überprüfbare Gerüchte, die zur Gefahr von drohender Gewalt oder körperlichem Schaden beitragen«, zu qualifizieren. Es handele sich somit allesamt um Äußerungen, die durch die Community-Standards von Facebook verboten seien.

Das Board habe zudem – drittens – die Frage des Schutzes der Menschenwürde und die aus dem UN-Pakt über bürgerliche und politische Rechte sowie der Antirassismus-Konvention folgenden Gewährleistungspflichten für Facebook nicht hinreichend behandelt. Trumps Posts hätten zu rassistischen Spannungen und Ausgrenzung beigetragen. Es sei falsch, die Sperrung lediglich auf Trumps Äußerungen zum Sturm auf das Kapitol zu stützen. Denn die Äußerungen des vormaligen Präsidenten seien in der Gesamtschau mit früheren Verlautbarungen zu interpretieren, in denen er noch drastischere Formulierungen gewählt habe. So habe er im Mai 2020 im Zusammenhang mit Protesten gegen Rassismus und mehreren Posts, die sich auf das »China Virus« bezogen, zu Feindseligkeiten aufgestachelt. Facebook habe sich hingegen verpflichtet, das Recht auf Nichtdiskriminierung zu respektieren. Das beinhalte die Pflicht zu verhindern, dass die Plattform für die Befürwortung von Rassismus und sozialem Hass genutzt wird. Die Board-Minderheit hatte eine umfassende Analyse dieser Posts gefordert, weil eine solche Analyse für die Beurteilung einer verhältnismäßigen Strafe für Trump entscheidend sei. Und erst eine solche Strafe könnte eine Abschreckung für andere politische Akteur*innen darstellen.

Viertens schließlich sollten die Regeln von Facebook sicherstellen, dass Nutzer*innen, die nach einer Account-Sperrung eine Reaktivierung beantragen, ihr Fehlverhalten anerkennen und sich verpflichten sollten, die Regeln in Zukunft zu befolgen.

Die Entscheidung, so kritisierte die im Board überstimmte Minderheit zu Recht, gäbe an diesen entscheidenden Punkten zu wenig Orientierung. Das Board stelle keine klaren Kommunikationsregeln auf, sondern fordere von Facebook lediglich, die Unbefristetheit der Sperrung des Trump-Accounts und einige generelle Empfehlungen des Oversight Board zum Umgang mit kritischen Posts zu überdenken.

Die Entscheidung des Gremiums lässt Facebook viel zu viel Spielraum bei der Frage der Inhaltskontrolle von Posts. Kein Wunder, dass Facebook die entscheidenden Fragen denn auch weiter unbeantwortet lässt. Zwar kündigte der Konzern an, dass er Trumps Account-Sperrung nach Ablauf der nunmehr auf Januar 2023 begrenzten Sperrfrist nicht automatisch aufheben werde, sondern zunächst intensiv überprüfen wolle, »ob noch ein ernsthaftes Risiko für die öffentliche Sicherheit besteht«. Doch die Parameter dieser zukünftigen Risikoabwägung bleiben genauso vage wie der Umgang mit den zögerlichen Empfehlungen des Oversight Board zur Inhaltskontrolle von Posts und Accounts.

Rechtspolitisches Versagen

Wesentliche Fragen zum Umgang mit rechter Rede im Internet bleiben daher auch weiter ungeklärt. Das Oversight Board hat die Gelegenheit verpasst, das Facebook-interne Recht und sein Verhältnis zu den Menschenrechten angemessen zu gestalten.

Doch auch wer seine Hoffnungen auf die staatlichen Rechtsordnungen setzt, sollte auf Enttäuschungen gefasst sein. Denn auch hier fehlen klare Leitplanken. In dem umstrittenen De-Platforming-Beschluss des Bundesverfassungsgerichts im Jahr 2019 zu einem gesperrten Facebook-Account hielt dieses fest, dass in der Rechtsprechung ungeklärt sei, »[o]b und gegebenenfalls welche rechtlichen Forderungen sich insoweit auch für Betreiber sozialer Netzwerke im Internet – etwa in Abhängigkeit vom Grad deren marktbeherrschender Stellung, der Ausrichtung der Plattform, des Grads der Angewiesenheit auf eben jene Plattform und den betroffenen Interessen der Plattformbetreiber und sonstiger Dritter – ergeben«. Und auch das Facebook-Urteil des Bundesgerichtshofs aus dem Juli 2021 bringt in der entscheidenden Frage des Umfangs der Meinungsfreiheit im Netz keine Klarheit, sondern statuiert lediglich Anhörungs- und

Informationsrechte für die von Facebook-Sanktionen Betroffenen.

Anlässlich der Novellierung des im Juni 2021 in seinen überwiegenden Bestimmungen in Kraft getretenen Netzwerkdurchsetzungsgesetzes (hierzu *Elena Sofia Ewering* und *Hanna Haerkötter* im Report 2020, S. 365–371) hätte der Gesetzgeber selbst die Regelungslücken schließen müssen. Doch die Novelle spart die Frage der Inhaltsmoderierung von Social Media explizit aus. Nach der Gesetzesbegründung der Großen Koalition »geht mit der Ergänzung keine Festlegung einher, inwieweit vertragliche Vereinbarungen, durch die die Verbreitung bestimmter Inhalte beschränkt werden soll, überhaupt zulässig sind und wie die Interessen insbesondere der Anbieter, der Inhalteverfasser und der sonstigen Nutzerinnen und Nutzer hierbei in welcher Weise zu gewichten sind«. Und auch der vorgeschlagene Digital Services Act der Europäischen Union löst die Problematik nicht. Zwar werden Schlichtungsstellen und Beschwerdewege eingefordert – unabhängige Gerichte mit formalen Durchsetzungsmöglichkeiten oder gar eine entsprechende Vernetzung mit gegebenen rechtlichen Infrastrukturen finden darin aber keine Erwähnung.

Damit bleibt der Status quo der Content-Moderation in den Social Media insgesamt auch nach den Trump-Entscheidungen des Facebook Oversight Board unverändert. Weder die Konzerne noch Politik und Justiz haben offenbar ein Interesse daran, die Grenzen der Meinungsfreiheit für rechte Rede im Netz wirkungsvoll und durchsetzungsstark zu formulieren.

Verfahren: Facebook Oversight Board, Case Decision 2021–001-FB-FBR vom 5. Mai 2021; Facebook, Antwort auf die Empfehlungen des Oversight Board vom 4. Juni 2021; Bundesgerichtshof, Urteil vom 29. Juli 2021, Aktenzeichen III ZR 179/20 und III ZR 192/20; Bundesverfassungsgericht, Beschluss der 2. Kammer des Ersten Senats vom 22. Mai 2019, Aktenzeichen 1 BvQ 42/19; Vorschlag für eine Verordnung des EP und des Rates über einen Binnenmarkt für digitale Dienste (Gesetz über digitale Dienste) und zur Änderung der Richtlinie 2000/31/EG vom 5. Dezember 2020 (COM/2020/825 final); Deutscher Bundestag, Entwurf eines Gesetzes zur Änderung des Netzwerkdurchsetzungsgesetzes, Bundestags-Drucksache 19/29392 vom 5. Mai 2021.

Literatur: Evelyn Douek, It's not Over. The Oversight Board's Trump Decision is just the Start, Lawfare vom 5. Mai 2021; dies., Facebook's Responses in the Trump Case are better than a Kick in the Teeth, but not much, Lawfare vom 4. Juni 2021, jeweils abrufbar unter www.law fareblog.com; Tomas Rudl, De-Platforming von Trump. Facebooks Oversight Board löst das Problem der sozialen Medien nicht, Netzpolitik vom 5. Mai 2021, abrufbar unter www.netzpolitik.org.

Dank

Verzeichnis der Autor*innen

Laila Abdul-Rahman, geb. 1990, ist Juristin und Kriminologin. Sie ist seit 2018 wissenschaftliche Mitarbeiterin im DFG-geförderten Forschungsprojekt KviAPol (Ruhr-Universität Bochum) und Promotionsstipendiatin der Hans-Böckler-Stiftung. Ihre Forschungsschwerpunkte sind polizeiliche Gewaltanwendungen und Legitimität.

Nele Austermann, geb. 1988, ist wissenschaftliche Mitarbeiterin am Zentrum für Europäische Rechtspolitik der Universität Bremen und Vorstandsmitglied des Vereins Demokratischer Juristinnen und Juristen. Sie promoviert zum Thema »Europäisches Migrationsmanagement«.

Dr. Katarina Barley, geb. 1968, ist Vizepräsidentin des Europäischen Parlaments und ehemalige Bundesjustizministerin. Vor ihrer Zeit in der Politik hat die Juristin unter anderem als wissenschaftliche Mitarbeiterin am Bundesverfassungsgericht sowie als Richterin und Anwältin gearbeitet.

Volker Beck, geb. 1960, ist Publizist, Lehrbeauftragter für Religionspolitik am Centrum für Religionswissenschaftliche Studien (CERES) der Ruhr-Universität Bochum und CEO des Tikvah Institut gUG. Zuvor war er 23 Jahre Mitglied des Deutschen Bundestags und bis 2017 Vorsitzender von dessen deutsch-israelischer Parlamentariergruppe.

Lea Beckmann, geb. 1988, ist Rechtsanwältin und arbeitet als Juristin und Verfahrenskoordinatorin bei der Gesellschaft für Freiheitsrechte. Dort ist sie verantwortlich für strategische Klagen gegen Diskriminierung.

Giulia Borsalino, geb. 1992, ist Rechtsreferendarin beim Oberlandesgericht Dresden und studierte zuvor an der Universität Leipzig. Seit 2013 ist sie ehrenamtlich beim Verein Menschen. Würdig. e. V. aktiv.

Laurens Brandt, geb. 1988, ist wissenschaftlicher Mitarbeiter an der Universität Leipzig und Stipendiat der Hans-Böckler-Stiftung. Er promoviert bei Prof. Daniel Ulber (Universität Halle) zum rechtlichen Schutz von Nachtarbeitnehmer*innen.

Clara Anne Bünger, geb. 1986, ist Mitbegründerin und Vorstandsmitglied von Equal Rights Beyond Borders und Wissenschaftliche Mitarbeiterin der Fraktion Die Linke im Deutschen Bundestag.

Dr. Mehmet Gürcan Daimagüler, MPA (Harvard), geb. 1968, ist Strafverteidiger und war als Opferanwalt sowohl am NSU-Prozess als auch zuletzt am Prozess gegen einen einstigen SS-Wachmann im Konzentrationslager Stutthof beteiligt.

Maren Diener, geb. 1992, ist Rechtsreferendarin am Oberlandesgericht Dresden und studierte zuvor an der Albert-Ludwigs-Universität in Freiburg im Breisgau. Sie ist seit 2020 beim Verein Menschen. Würdig. e. V. aktiv.

Hannah Espín Grau, geb. 1992, ist Juristin und Politikwissenschaftlerin. Sie ist wissenschaftliche Mitarbeiterin im DFG-Forschungsprojekt KviAPol (Körperverletzung im Amt durch Polizeibeamt:innen) an der Ruhr-Universität Bochum und Promotionsstipendiatin der Rosa-Luxemburg-Stiftung. Ihre Forschungsschwerpunkte sind Männlichkeitskonstruktionen in der Polizei, übermäßige polizeiliche Gewalt und ihre staatliche Aufarbeitung.

Dr. Matthias Fahrner, geb. 1973, ist Richter und war zuvor Beauftragter und Sekretär in verschiedenen NSU-Untersuchungsausschüssen sowie Referent im Bundesministerium der Justiz und für Verbraucherschutz. Er ist Mitglied im Bundesvorstand der Neuen Richtervereinigung und bereitet derzeit eine Habilitation im Bereich des Verfassungs- und Strafrechts zum Schutz der freiheitlich demokratischen Grundordnung vor.

Prof. Dr. Andreas Fischer-Lescano, LL.M. (EUI), geb. 1972, ist Professor für Öffentliches Recht, Europarecht, Völkerrecht und Rechtstheorie an der Universität Bremen. Er ist geschäftsführender Direktor des Zentrums für Europäische Rechtspolitik und Ko-Herausgeber der Zeitschrift »Kritische Justiz«.

Prof. Dr. Dr. Günter Frankenberg, geb. 1945, ist Seniorprofessor an der Goethe-Universität Frankfurt am Main. Seine Schwerpunkte liegen im Öffentlichen Recht, in der Rechtsvergleichung und Rechtstheorie. Er vertritt Hinterbliebene des Anschlags von Hanau.

Julia Gelhaar, LL.M., geb. 1994, ist wissenschaftliche Mitarbeiterin am Zentrum für Europäische Rechtspolitik der Universität Bremen. Sie promoviert rechtsvergleichend zum Konzept des »Internen Schutzes« in Anwendung auf afghanische Geflüchtete.

Dr. Matthias Goldmann, geb. 1978, ist Juniorprofessor am Fachbereich Rechtswissenschaft der Goethe-Universität Frankfurt und wissenschaftlicher Referent am Max-Planck-Institut für ausländisches öffentliches Recht und Völkerrecht. Zuletzt erschien im Springer-Verlag der Band »Democracy and Financial Order« (hrsg. mit Silvia Steininger).

Dr. Andreas Gutmann, geb. 1991, ist wissenschaftlicher Mitarbeiter am Zentrum für Europäische Rechtspolitik der Universität Bremen und Rechtsreferendar am Kammergericht Berlin.

Anika Grotjohann, geb. 1998, studiert Jura und arbeitet als studentische Mitarbeiterin am Zentrum für Europäische Rechtspolitik der Universität Bremen. Sie engagiert sich beim Bremer Arbeitskreis kritischer Jurist*innen.

Malene Gürgen, geb. 1990, ist seit 2014 Redakteurin für außerparlamentarische Bewegungen im Berlin-Ressort der tageszeitung – die taz. Derzeit ist sie in der Produktentwicklung für die Weiterentwicklung der taz-Samstagsausgabe zur Wochenzeitung verantwortlich. Seit mehreren Jahren recherchiert sie zum Rechtsterrorismus-Komplex in Berlin-Neukölln und hat darüber auch in der 1. Ausgabe des Report 2020 Recht gegen Rechts berichtet.

Heike Kleffner, geb. 1966, ist freie Journalistin und Geschäftsführerin des Bundesverbandes der Beratungsstellen für Opfer rechter, rassistischer und antisemitischer Gewalt. Seit den 1990er Jahren publiziert sie über Rechtsextremismus, zuletzt erschienen, von ihr, gemeinsam mit Matthias Meisner herausgegeben, die Bücher »Extreme Sicherheit: Rechtsradikale in Polizei, Verfassungsschutz, Bundeswehr und Justiz« sowie »Unter Sachsen. Zwischen Wut und Willkommen«.

Dr. Claudia Kornmeier, geb. 1984, ist Journalistin und Juristin. Derzeit arbeitet sie vor allem als freie Mitarbeiterin in der ARD-Rechtsredaktion, Karlsruhe. Im Wechsel mit ihren Kolleg*innen moderiert sie den ARD-Podcast »Die Justizreporter*innen«.

Dr. Kati Lang, geb. 1979, vertritt als Rechtsanwältin Betroffene von rechten, rassistischen und antisemitischen Gewalttaten und war Nebenklagevertreterin im Prozess wegen des Synagogen-Attentats von Halle. Sie hat zum Umgang der Justiz mit vorurteilsmotivierter Gewalt promoviert.

Dr. Matthias Lehnert, geb. 1980, arbeitet als Rechtsanwalt im Migrationsrecht in Leipzig und Berlin. Er ist Mitglied im erweiterten Vorstand des Republikanischen Anwältinnen- und Anwältevereins (RAV) und Kooperationsanwalt des European Center for Constitutional and Human Rights (ECCHR), der Gesellschaft für Freiheitsrechte (GFF) und von Jumen e.V.

Sabine Leutheusser-Schnarrenberger, geb. 1951, ist stellvertretende Vorstandsvorsitzende der Friedrich-Naumann-Stiftung für die Freiheit. Von 1992 bis 1996 sowie von 2009 bis 2013 war die FDP-Politikerin Bundesjustizministerin, aktuell ist sie auch Antisemitismusbeauftragte des Landes Nordrhein-Westfalen.

Dr. Doris Liebscher, geb. 1974, ist Juristin und leitet die Ombudsstelle für das Berliner Landesantidiskriminierungsgesetz bei der Senatsverwaltung für Justiz, Verbraucherschutz und Antidiskriminierung des Landes Berlin. Zuvor war sie viele Jahre in der Humboldt Law Clinic Grund- und Menschenrechte tätig. Sie hat zu Rasse als Rechtsbegriff und Recht gegen Rassismus promoviert.

Prof. Dr. Anna Katharina Mangold, geb. 1977, ist Professorin für Europa- und Völkerrecht an der Universität Flensburg. Sie ist Mitherausgeberin des »German Law Journal« und des Verfassungsblogs. Zuletzt erschien ihr Essay »Diversität in Rechtswissenschaft und Rechtspraxis« gemeinsam mit vier Ko-Autor*innen.

Florian Nustede, B.A., geb. 1985, studiert Rechtswissenschaft und arbeitet als studentischer Mitarbeiter am Zentrum für Europäische Rechtspolitik der Universität Bremen.

Prof. Dr. Marei Pelzer, geb. 1974, ist Professorin für Recht der sozialen Arbeit und der sozialen Einrichtungen, Migrationsrecht, Menschenrechte an der Hochschule Fulda und Mitglied im Netzwerk Migrationsrecht.

Dr. Dr. Maximilian Pichl, geb. 1987, ist Vertretungsprofessor an der Universität Kassel für das Fachgebiet Politische Theorie. Er forscht zur Flüchtlingspolitik und Kritischen Rechtstheorien.

Georg Restle, geb. 1965, hat Rechtswissenschaften in Freiburg und an der London School of Economics studiert und ist seit 2012 Redaktionsleiter des wöchentlichen ARD-Politikmagazins »Monitor«.

Antonie Rietzschel, geb. 1986, arbeitet als freie Journalistin in Leipzig vor allem für die Süddeutsche Zeitung, für die sie auch den Ballstädt-Prozess am Landgericht Erfurt als Beobachterin begleitet hat. Sie studierte Politikwissenschaft an der Universität Bremen.

Sally Alexander Saling, geb. 1996, ist Student der Rechtswissenschaften an der Universität Leipzig, Mitglied im Refugee Law Clinic Leipzig e.V. und aktiv für Klimagerechtigkeit, zuletzt bei den Students for Future.

Dr. Markus Sehl, geb. 1986, ist Jurist und Journalist. Er ist Redakteur bei Legal Tribune Online und Autor u.a. für Die Zeit.

Prof. Dr. Sophie Schönberger, geb. 1979, ist Professorin für Öffentliches Recht, Kunst- und Kulturrecht an der Heinrich-Heine-Universität Düsseldorf. Zuletzt erschien im Beck-Verlag ihr Buch »Was soll zurück? Die Restitution von Kulturgütern im Zeitalter der Nostalgie«.

Fatou Sillah (sie/ihr), LL.B., geb. 1997, ist studentische Mitarbeiterin* am Zentrum für Europäische Rechtspolitik der Universität Bremen und studiert im Master Transnational Law in Bremen und Antwerpen.

Martín Steinhagen ist freier Journalist in Frankfurt am Main mit dem Schwerpunkt radikale und militante Rechte. Zuletzt ist von ihm »Rechter Terror: Der Mord an Walter Lübcke und die Strategie der Gewalt« im Jahr 2021 bei Rowohlt erschienen.

Dr. Ronen Steinke, geb. 1983, ist Jurist, Autor und Redakteur der Süddeutschen Zeitung. Zuletzt erschien im Berlin-Verlag sein Buch »Terror gegen Juden. Wie antisemitische Gewalt erstarkt und der Staat versagt«.

Tore Vetter, geb. 1992, ist wissenschaftlicher Mitarbeiter am Zentrum für Europäische Rechtspolitik der Universität Bremen. Er promoviert zum Thema »Eigenverfassung von Versammlungen«.

Laura Wisser, geb. 1991, ist wissenschaftliche Mitarbeiterin an der Universität Freiburg. Sie forscht zu Polizei- und Verfassungsrecht.

Wolfgang Kaleck
Die konkrete Utopie der Menschenrechte
Ein Blick zurück in die Zukunft

Wolfgang Kaleck ist nicht nur der Anwalt von Edward Snowden, sondern war an zahlreichen Strafverfahren u.a. gegen Donald Rumsfeld oder gegen die argentinischen Militärdiktatoren beteiligt. Als Praktiker in weltweiten Kämpfen, auch gegen transnationale Unternehmen, entwirft er jetzt eine neue, eine konkrete Utopie. Er kritisiert den derzeit geläufigen, zu eng gefassten Menschenrechtsbegriff und weitet die Perspektive: durch einen Blick in die Geschichte und durch einen Blick auf verwandte Kämpfe weltweit. Damit nicht immer alles gleich bleibt und sich wirklich etwas ändert.

176 Seiten, gebunden

Weitere Informationen finden Sie auf
www.fischerverlage.de

AZ 10-397064/1